Światło, żywy duch

Tytuł oryginału francuskiego:

„La lumière, esprit vivant"

Edition originale:
© 1983, Wydawnictwo Prosveta S.A
B.P. 12 – 83601 Frejus Cedex (Francja)
ISBN: 978-2-85566-235-4

Produkcja: BoD – Books on Demand,
Norderstedt, Germany

ISBN 978-3-89515-412-6

Omraam Mikhaël Aïvanhov

Światło, żywy duch

Kolekcja Izvor – tom 212

WYDAWNICTWO PROSVETA
Niemcy

Spis treści

Czytelnik lepiej zrozumie pewne aspekty tekstów Omraama Mikhaela Aivanhova, zaprezentowane w tym tomie, jeśli zechce pamiętać, że chodzi tu o ściśle ustną Naukę.

Omraam Mikhaël Aïvanhov w 1937 roku

1

Światło, istota stworzenia

Jest powiedziane, że Bóg jest trawiącym ogniem a w większości mitologii najsilniejszym bogiem jest ten od ognia. Nie oznacza to oczywiście ognia, który znamy: ognia fizycznego, będącego tylko aspektem ognia uniwersalnego, bowiem w rzeczywistości istnieją różnorodne rodzaje ognia: ten, który płonie w sercu człowieka, ten, który drzemie u podstawy kręgosłupa, ten ze słońca, ten z piekła, ten, który jest ukryty w sercu kamieni, metali, itd.

Czy zauważyliście, że nie można postrzegać ognia, który by nie towarzyszył światłu? Tak, światło jest materią, poprzez którą manifestuje się ogień. Przekładając ten obraz odkryjemy, że światło jest tą substancją, którą Bóg, pierwotny Ogień, emanował z Siebie na początku świata, kiedy powiedział: *„Niech się stanie światło!"* To światło nie jest niczym innym niż Słowem wymienionym na początku Ewangelii świętego Jana: *„Na początku było Słowo, a Słowo było u Boga i Bogiem było Słowo. Ono było na początku u Boga. Wszystko przez Nie się stało..."*

Światło jest Słowem, które wypowiedział Stwórca i przez które stworzył świat.

Świat fizyczny ten, który znamy, jest kondensacją pierwotnego światła. Bóg, zasada aktywna rozprzestrzenił światło i pracował nad tym światłem jako nad substancją, aby stworzyć świat. To tam zaczyna się dostrzegać manifestację dwóch zasad: męskiej i żeńskiej, które są początkiem stworzenia, skoro Bóg, Ogień, zasada męska, wywiódł z Siebie samego zasadę żeńską, światło, substancję, w której tworzył. Mówi się, że Bóg stworzył świat z niczego, z niczego na zewnątrz Siebie. Tak, i to właśnie jest trudne do zrozumienia przez nas, którzy możemy tworzyć tylko z materiałów i narzędzi zewnętrznych. W rzeczywistości nic nie można stworzyć z niczego i ta idea stworzenia z niczego oznacza tylko, że z Siebie samego Bóg wywiódł substancję stworzenia. Wszechświat nie jest niczym innym niż tą substancją wydobytą z Niego i powstałą na zewnątrz Niego, która zawsze jest Nim.

Jak jedwabnik przędzie swój kokon, a pająk swoją pajęczynę? Jak ślimak wytwarza swoją skorupę? z substancji pochodzących z wewnątrz nich samych. Jeśli umie się obserwować przyrodę, ileż zjawisk można odkryć, które myśliciele uważają za niezgłębioną tajemnicę! Nawet nauka odkryje pewnego dnia, że światło jest substancją pierwotną, z której stworzony został wszechświat i jeśli człowiek nauczy się jak postępować, on także będzie mógł stać się twórcą jak Bóg. Według *Księgi*

Rodzaju pierwszym wydarzeniem na świecie było więc stworzenie światła. Bóg rzekł: „*Niech się stanie* światło*!"* Ale o jakie światło chodziło?... W języku bułgarskim mamy dwa różne słowa na określenie światła: *svetlina* i *videlina*. Słowo *svetlina* określa światło fizyczne; jest utworzone z źródłosłowu, które oznacza „świecić". Słowo *videlina* oznacza światło duchowe i jest utworzone z źródłosłowu, które oznacza „widzieć". *Videlina* jest światłem pozwalającym widzieć świat duchowy, świat niewidzialny; *videlina* materializując się dała *svetlinę*, światło fizyczne.

Lepiej zrozumiecie tę ideę jak wam przypomnę eksperyment z rurą Crookesa: Na dwóch końcach rury, uprzednio wytworzywszy w niej próżnię, umieszczone są dwie elektrody podłączone do źródła elektryczności. Gdy przebiega prąd: katoda emituje przepływ elektronów w kierunku anody, lecz sama pozostaje zaciemniona i właśnie w rejonie anody pojawia się świecenie.

Eksperyment Crookesa

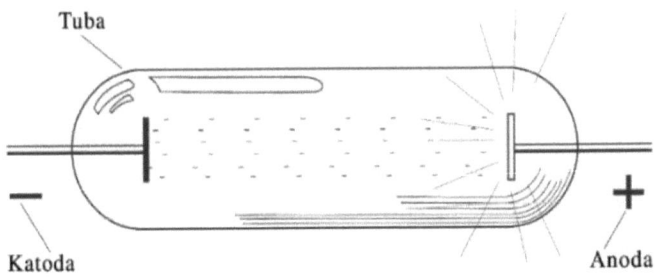

Tuba

Katoda   Anoda

Światło, które wysyła nam słońce nie jest światłem pierwszego dnia, o którym mówi *Księga Rodzaju*. Poza słońcem widzialnym istnieje słońce niewidzialne, ciemne, słońce czarne, które wysyła bez przerwy energie do słońca widzialnego. Ono je przekształca i odsyła w formie światła. Światło, które widzimy nie jest tym, które Bóg stworzył na początku, gdy powiedział: *„Niech się stanie światło!"* Przyszło ono potem. Pierwsze słońce wysłało pierwotne światło *videlinę*, które słońce widzialne przekształca i wysyła w formie promieni (*svetlina*). *Videlina*, prawdziwe światło odkrywa tylko rzeczy, które uderzają w nie. Jeśli nic nie znajduje na swojej drodze, pozostaje niewidzialne. Tylko napotkana przeszkoda może je ujawnić.

Na początku była *videlina*, to znaczy pierwszy ruch, który się zamanifestował w duchu Boga w formie tryskającej, promieniującej na zewnątrz Boga. Przed stworzeniem Bóg utworzył wokół siebie świetlisty okrąg, który można nazwać Jego aurą. Przez ten okrąg światła wyznaczył kres wszechświata i kiedy granice zostały wyznaczone, wypromieniował w światło swojej aury, *videliny,* obrazy, które się zmaterializowały i skrystalizowały. Tak więc *videlina* dostarczyła im materii, ich twórczych kreacji. I gdy święty Jan mówi na początku Ewangelii: *„Na początku było Słowo, a Słowo było u Boga i Bogiem było Słowo"* ... *„Bogiem było Słowo"*, oznacza to, że nic nie może istnieć bez udziału *videliny,* aury Boga. Słowo Boże to jest światło.

Ten proces stworzenia możemy sprawdzić u wielkich Wtajemniczonych. Oni także mają świetlistą aurę, która nie tylko otacza i ochrania ich ciała, ale wypełnia ich substancję stwórczą. Kiedy Wtajemniczony chce tworzyć przez myśl, używa takich samych sposobów jak Bóg, kiedy stwarzał wszechświat: wytwarza obraz i wymawia słowo, które musi przeniknąć aurę. Ta aura, która go otacza służy substancji, żeby ją zamanifestować. Wytworzony obraz albo wypowiedziane słowo umacnia substancję aury. Człowiek, który chce urzeczywistnić ideę, ale nie posiada subtelnej substancji aury nic nie może stworzyć. Z pewnością spostrzegliście: w pewne dni, gdy mówicie, nie możecie osiągnąć żadnego efektu u innych, którzy pozostają zimni i obojętni, podczas gdy innym razem przeciwnie, prostymi słowami wywieracie fantastyczne wrażenie. Tak, ponieważ te słowa są żywe: słowa, których używacie zostały wcześniej zanurzone w waszej aurze, zostały ożywione, wzmocnione, nasycone siłą, mogły przeniknąć aż do duszy innych i tam wibrować. W dniu, kiedy wasza aura jest słaba, wasze słowa stają się małoznaczące, puste, nic w nich nie ma; mówicie, ale nie osiągacie żadnego rezultatu. Słowa nie są przeniknięte tym elementem, który wypełnia aurę: *videliną.*

Siła Wtajemniczonych pochodzi stąd, że potrafią przenikać słowa, które wypowiadają substancją swojej aury, która jest bogata, intensywna, czysta. Słowo jest tylko nośnikiem, może wytwarzać efekty tylko w takim wymiarze, w którym jest przeniknięte elementem tworzenia, *videliną*. Ten, kto nie potrafi wypowiadać słów magicznych piękno aury krzyczy, chwieje się, nigdy nie potrafi słuchać wyższych istot i ich przyciągać. Ale Wtajemniczony, który wypowiada te same słowa bez krzyku, bez czynienia gestów tylko przez wewnętrzną siłę pochodzącą z aury, osiąga wielkie rezultaty.

To nie słowo stworzyło świat, lecz Słowo, które oznacza światło. Słowo jest pierwszym elementem, który Bóg wprowadził w czyn, a słowo jest środkiem, którym Słowo posługuje się dla zrealizowania swojej pracy stwórczej. Kiedy pierwotna siła wyszła z Boga, była ona duchem; a powracając do Boga stała się światłem. Czarne słońce wysyła *videlinę* do słońca świecącego, a słońce święcące odsyła światło widzialne, *svetlinę*, do słońca ciemnego. W tym powrocie duch przemienia się w światło. Kiedy Bóg uczynił pierwszy ruch, Jego Duch, Słowo, wprowadziło się w czyn i kiedy Duch powrócił do Boga stał się światłem. Wszystko, co centrum wysyła ku peryferii wraca do centrum, ponieważ okrąg ma granice, ustanawia się więc nieprzerwane krążenie do peryferii i od peryferii do centrum. Wracając do centrum przepływ sił posiada nowe właściwości i wywołuje nowe reakcje na całej długości trasy powrotu. Natura przepływu nie jest jednakowa tam i z powrotem.

Na początku było Słowo: pierwszy ruch ducha bożego, który stworzył okrąg, wszechświat. W ten sam sposób mag przed podjęciem ceremonii magicznej powinien zbudować wokół siebie okrąg. Źródło tej praktyki, która jest bardzo stara pochodzi z nadzwyczajnej wiedzy dotyczącej ludzkiej aury. Kiedy mówi się, że mag powinien wejść do kręgu, który naznaczył, nie tylko oznacza to, iż powinien zarysować wokół siebie materialny okrąg, ale, że powinien naznaczyć wokół siebie okrąg żywej aury i umieścić siebie w swoim centrum; to znaczy, iż jego duch powinien być aktywny i ożywiony inaczej ryzykuje, że będzie zwyciężonym przez duchy niewidzialne. Jeśli mag zadowoli się oznaczeniem wokół siebie kręgu materialnego nie wiedząc, przez swój sposób życia, że trzeba pracować uprzednio nad swoją aurą by uczynić ją czystą, świetlistą, silną, otrzyma być może to, co sobie życzył, ale kiedy wyjdzie z kręgu magicznego wszystkie istoty posłuszne mu, kiedy był w kręgu, (ponieważ istoty niewidzialne respektują ten symbol jak również wypowiadane słowa magiczne) zaczną za nim podążać.

Te niemiłe przygody zdarzają się wszystkim magom, którzy ignorują prawa, objaśnione przeze mnie. Istoty niewidzialne widząc, że ich aura nie jest ani czysta, ani świetlista zemszczą się za wymuszenie posłuszeństwa wobec ludzi, którzy na to nie zasługiwali. Tacy magowie ignorują to, że na początku było Słowo, to znaczy, iż przed urzeczywistnieniem szerszego przedsięwzięcia trzeba zbudować aurę, prawdziwy, świetlisty okrąg magiczny. Taki okrąg nie zaznacza się automatycznie kredą, albo w każdy inny sposób, lecz przygotuje się go poprzez miłość, czystość, bezosobistość. Dlaczego często ci, którzy angażują się w praktyki magiczne nie tylko nie uzyskują żadnego rezultatu, ale jeszcze przyciągają nieszczęścia? Ponieważ ich aura nie jest jeszcze silna, świetlista, czysta, a kiedy chcą oddziaływać poprzez swoją myśl, nie wytwarzają niczego, co mogłoby ja osłonić, uczynić ją silną. Żeby myśl mogła się unieść trzeba dać jej skrzydła, a te skrzydła znajdują się w aurze.

„Na początku było Słowo, a Słowo było u Boga i Bogiem było Słowo..." Kiedy Bóg stworzył wielki świetlisty okrąg przeniknął go swoją kwintesencją. Drzewa, rośliny, zwierzęta, a nawet i ludzie, byli najpierw obrazami unoszącymi się w aurze Boga... Wszystko, co istnieje było zanurzone w aurze Boga, w łonie, w którym żyjemy jak mówi święty Paweł: *„Poruszamy się w Bogu i w Nim jest nasze życie..."* Jesteśmy wszyscy zanurzeni w aurze Boga: ona nas nasyca i przenika.

Medytujcie każdego dnia nad mocą *videliny*, światłem żyjącym, które jest pierwotnym elementem stworzenia.

Jednym z symboli stworzenia świata jest róża mistyczna.

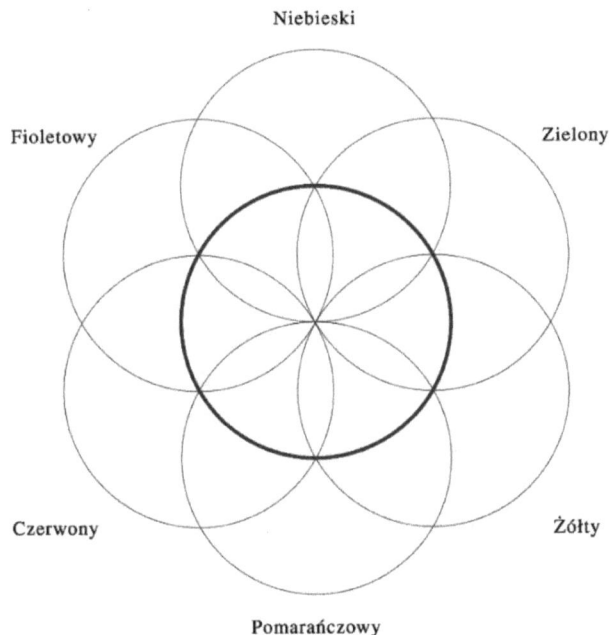

Sześć kół, które tworzą płatki przedstawiają sześć dni, w których Bóg stwarzał świat (symbolicznych dni, trwających oczywiście miliardy lat!) Zresztą niektórzy ezoterycy zinterpretowali pierwsze słowo *Księgi Rodzaju: Berechit,* co oznacza „na początku", jak słowo *bara:* stwarzać i *chit:* sześć. W każdym kole umieśćcie jeden z sześciu kolorów: fioletowy, niebieski, zielony, żółty, pomarańczowy i czerwony i medytujcie je... koło centralne przedstawia światło białe, którego wynikiem jest sześć innych kolorów ... Jeśli nie rozumiecie głębi tego symbolu, przynajmniej kontemplując tę doskonałą figurę stwarzacie łączność między nią a wami i to pomoże wam w waszej pracy duchowej.

Światło jest najsubtelniejszym stanem materii i to, co my nazywamy materią jest tylko formą najbardziej skondensowanego światła. W całym wszechświecie chodzi więc o tę samą materię... lub o to samo światło... bardziej czy mniej subtelne, bardziej lub mniej skondensowane. Wszystko, co znajdujecie skondensowanego na ziemi istnieje w planie eterycznym w formie bardziej delikatnej, czystej. I oto właściwy sens pracy duchowej: dojść do odnalezienia wszystkiego, co nam potrzeba w stanie subtelnym, najbliższym stanowi pierwotnemu.

Kiedy przychodzimy rano na wschód słońca, to po to, by móc odżywiać się najczystszym pokarmem: światłem. Kiedy Jezus mówił: *„Błogosławieni ci, którzy są głodni i spragnieni..."* nie mówił o głodzie ani pragnieniu fizycznym, mówił o głodzie i pragnieniu prawdy, mądrości, sprawiedliwości i wolności... Aż do zaspokojenia głodu i pragnienia ogniem i światłem. Dusza jest głodna a duch jest spragniony. Dusza karmi się ogniem a duch pije światło. Duch jest zasadą męską, dusza zasadą żeńską i każde żywi się elementem, który jest jego dopełnieniem. Dusza aspiruje do zasady pozytywnej, aktywnej, dynamicznej i spożywa ogień. Duch, który jest zasadą męską potrzebuje zasady żeńskiej i pije światło. Tak samo jak zasada męska wywołuje zasadę żeńską, tak ogień, wywołuje światło; światło jest manifestacją i emanacją ognia. Kiedy zapalacie ogień, wytwarza światło. Im czystsze są materiały, które podtrzymują ogień tym więcej światło staje się subtelne i czyste.

Światło jest odzieniem ognia, dlatego światło ma zawsze związek z materią. W górze, w rejonie wzniosłym, światło jest w związku z materią, a ogień z duchem. Dlatego Bóg, pierwotny Ogień najpierw stworzył światło i to światło stworzyło następnie świat, nic nie powstało bez światła. Za każdym razem, kiedy zapalacie ogień, dokonuje się właśnie stwarzanie świata, które powtarza się przed wami.

2

Promienie światła: ich natura i działanie

Światło, które widzimy pochodzi ze słońca, ale czym jest słońce? Fizycy przedstawiają je jako rozpalony piec w centrum, którego panuje temperatura piętnaście milionów stopni – ta temperatura jak i promieniowanie została wytworzona przez nieprzerwaną transformację licznej masy wodoru w hel. W rzeczywistości tylko wielcy Wtajemniczeni mają możliwość podróżowania w przestrzeni ze swoimi ciałami astralnymi, odwiedzili słońce a także inne planety i wiedzą, że one naprawdę istnieją. Wiele wam już mówiłem o słońcu, szczególnie mówiąc, iż promienie słoneczne nie przychodzą puste: przenoszą wszędzie w przestrzeni nie tylko elementy potrzebne do życia, do wzrostu roślin, zwierząt, ludzi, ale także elementy o wiele bardziej subtelne, które mogą nam służyć do rozwoju duchowego.

Tak, promienie słoneczne są porównywalne do wagoników z żywnością. Przybywają one na ziemię z dużą szybkością, tu się opróżniają i pozostawiają swoje skarby, po czym drogą niewidzialną powracają ku słońcu; to jest nadzwyczajne krążenie. W tych wagonikach nie tylko jest życie, ale także stworzenia, które przybywają na ziemię wykonywać pracę, potem odjeżdżają w kierunku słońca, aby się odnowić i ponownie załadować. To dla was jest nowość prawda?

Ale czego także nie wiecie to, iż to krążenie promieni słonecznych w przestrzeni ma miejsce także w człowieku. Nasze serce to słońce, które wysyła pociągi z promieniami w kierunku wszystkich ośrodków ciała fizycznego zamieszkiwanego przez miliony mieszkańców: tam się rozładowują, ale także oczywiście tracą swoją czystość i dlatego przed powrotem do słońca przemierzają całą drogę by uwolnić się z odpadów nagromadzonych w trakcie podróży i się oczyścić. Krążenie krwi poprzez arterie i żyły jest tylko odtworzeniem krążenia światła słonecznego w przestrzeni, ponieważ system słoneczny jest organizmem, którego sercem jest słońce, a światło jest krwią posyłaną przez słońce, żeby odżywić różne części tego organizmu. Wszystkie stworzenia otrzymują swoją substancję z tych promieni, które odwiedzają ziemię, oceany, atmosferę, przestrzeń, inne planety i stworzenia tam żyjące.

Każdy rejon słońca jest źródłem energii. Dlatego jako że obecne zasoby węgla, benzyny, uranu itp. są na wyczerpaniu, w przyszłości ludzkość zwracać się będzie coraz bardziej ku promieniom słonecznym, których możliwości są nieskończone; ale światło słoneczne nie jest tylko energią użytkową na planie fizycznym. Światło jest duchem żyjącym, który schodzi ze słońca i który ma bezpośredni związek z naszym duchem.

Uderzając w przedmiot albo w człowieka, jaki by nie był, każdy promień słońca coś mu przynosi. Nawet kamienie potrzebują tego życia, które otrzymują od słońca, ponieważ kamienie, chociaż są nieruchome są żyjące. Życie to jest jeszcze bardziej zauważalne u roślin, które rosną i mnożą się dzięki promieniom słonecznym. U zwierząt promienie słoneczne przemieniają się nie tylko w witalność, ale także w uczuciowość. Tak, to dzięki promieniom słońca zwierzęta zaczynają odczuwać cierpienie albo radość. W końcu u ludzi promienie słoneczne przemieniają się w inteligencję, ponieważ począwszy od królestwa człowieka słońce jest przyjmowane w całej pełni i przejawia się w myślach. Myśl, wyrażana przez usta człowieka jest emanacją światła słonecznego; światło myśli, mówi, śpiewa, tworzy. Stopniowo jak słońce przeciera drogę do duszy ludzkiej odbija się pod postacią inteligencji, miłości, piękna, szlachetności, siły.

Tylko promienie słoneczne są zdolne podtrzymać, zasilić, spotęgować życie w człowieku, ale musi on nauczyć się je otrzymywać. Jeśli otworzycie całe swoje serce na promienie słońca, poczujecie pracę, jaką zaczną czynić, by was zregenerować i odrodzić.

Lecz aby odczuć, czym są promienie słoneczne, jak są silne, czyste, boskie, trzeba oczywiście przygotowywać się każdego dnia do spotkania się z nimi, inaczej pozostaniecie tacy jak wszyscy ci śpiący i ignorujący ludzie, którzy pozwalają przechodzić promieniom słonecznym nie zdając sobie sprawy z ich bogactwa, które posiadają. Następnie żalą się: „Jestem głodny, jestem spragniony, jestem biedny, słaby, ciemny, kto mi pomoże?" a przecież w tych promieniach jest wszystko! I gdybyście wiedzieli, co one wysyłają!... Tak, ponieważ w słońcu mieszkają istoty o wiele wyższe od nas, patrzą na nas, czasem się uśmiechają, a my gdzie jesteśmy w tym czasie?... Wiem dobrze, że ludziom trudno jest przyznać, iż światło jest czymś więcej niż wibracją fizyczną, że jest duchem żyjącym. I ponieważ są zamknięci na tę ideę nie mogą otrzymywać od słońca wszystkich jego dobrodziejstw.

Powinniście urządzić wasze życie w taki sposób, żeby światło zajmowało w nim coraz więcej miejsca. Ale przede wszystkim powinniście uświadomić sobie jego obecność w każdej rzeczy, żeby móc z niej skorzystać. Jeśli jecie mając świadomość, iż pożywienie, zboża, owoce, jarzyny są kondensacją promieni słonecznych, na które były wystawione, stwarzacie najlepsze warunki fizjologiczne, żeby te promienie były dobrze przyswojone i rozprowadzone w organizmie. Jeśli oddychacie z przekonaniem, iż możecie przyciągnąć ku sobie światło, jesteście w stanie otrzymać niebiańskie światło, ducha Boga, ponieważ, oczywiście, jak już wam powiedziałem, to światło, przychodzące ze słońca, które widzicie jest tylko najbardziej materialną formą światła. Istnieją poza nim inne, bardziej subtelne formy światła, które jeśli potrafilibyście wejść z nimi w kontakt, przyniosłyby wam życie wieczne.

Rano, kiedy patrzycie na słońce pomyślcie, iż te promienie, które do was przychodzą są żywymi stworzeniami, które mogą wam pomóc rozwiązać wasze problemy codzienne... Ale tylko danego dnia a nie te sprawy nazajutrz. Nazajutrz musicie znowu przyjść je skonsultować i tylko na jeden dzień. One nie odpowiedzą wam nigdy na dwa lub trzy dni naprzód. Powiedzą: „Nie niepokójcie się. Przyjdźcie znowu jutro i odpowiemy wam". Każdego dnia, kiedy jecie nie robicie w żołądku zapasów na tydzień, ale tylko na jeden dzień. Jecie na dziś, a jutro znów zaczynacie. A więc ze światłem musi być tak samo, bowiem światło jest pożywieniem, które musicie przyswajać i trawić każdego dnia, żeby mogło stać się w was uczuciami, myślami, inspiracjami... Dlaczego nie macie wobec światła takiej samej logiki jak wobec odżywiania? Mówicie: „To prawda, jadłem wczoraj, ale to się liczyło na wczoraj, a dzisiaj znowu chcę jeść". Tak samo jest ze światłem, codziennie potrzebujecie nim się karmić.

Możecie na przykład przyzwyczaić się do następującego ćwiczenia: jesteście na wschodzie słońca i czekacie na pierwszy promień. Jesteście uważni, ostrożni i kiedy pierwszy promień się pojawi, pijecie, wdychacie... W ten sposób zaczynacie pić słońce. Zamiast tylko na nie patrzeć i je wdychać, pijecie, jecie, myśląc, że to żywe światło rozchodzi się do wszystkich komórek waszych organów, że je wzmacnia, ożywia, oczyszcza. To ćwiczenie pomoże wam skoncentrować się, a rezultaty są fantastyczne: cała wasza istota wibruje, zaczyna odczuwać, że naprawdę pijecie światło.

Już tysiące lat temu mędrcy Indii odkryli w swoich świętych Księgach znaczenie, jakie przyznawali słońcu. Weźmy tylko Purany.

- W ogniu Purany słońce jest uważane jako manifestacja Wisznu i źródło wszechrzeczy.
- Matsya Purana mówi, że adoracja słońca to adoracja Brahmy, Wisznu i Sziwy – trójcy, która odpowiada Ojcu, Synowi i Duchowi Świętemu w religii chrześcijańskiej.
- W Markandeya Purana słońce jest nazwane siedzibą wiedzy, rozpraszaniem ciemności, Duszą Najwyższą i bez skazy, Przyczyną uniwersalną, materialną i niematerialną i jest uważane jako Siła pierwotna istniejąca we wszyst-

kich przejawach wody, ziemi, wiatru i ognia. Jest powiedziane, że ten, kto udaje się każdego ranka na spotkanie ze słońcem z szacunkiem i czcią, w pokorze i pokoju swojego serca pozyskuje łaskę od Lakszmi bogini miłości i piękna. Ten, kto adoruje słońce z całym skupieniem jest uwolniony od grzechów i cieszy się odpornością na wszystkie choroby.

- Brahma Purana przedstawia słońce jako oko trzech światów, jak Pana wszechświata, zalążek czynu, ochronę łaski i symbol samego czynu.
- Brahmanda Purana przedstawia słońce jako przyczynę wszystkich działań w świecie.
- Linga Purana przedstawia je jako porządek uniwersalny.
- Padma Purana wskazuje niektóre hymny mantryczne do recytowania i adorowania słońca, aby uzdrowić wszystkie rodzaje chorób fizycznych i psychicznych.
- W Brahma Vaivarta Purana jest powiedziane, że słońce uzdrawia choroby, uwalnia smutki, niepokoje umysłowe i strach. Nastraja na szczęście, wyzwolenie, wiarę i wszystkie dobrodziejstwa.

W ciągu wieków Wiedza inicjacyjna zawsze uważała słońce fizyczne jako reprezentację prawdziwego słońca duchowego, które jest centrum wiedzy i mocy uniwersalnej objawiające się przez promieniowanie siedmiu kolorów. Dlatego, jeśli mogę wam teraz podać radę, powiem: „Zostawcie wszystko i studiujcie tylko promienie słońca". Gdybyście wiedzieli, co zawierają promienie słońca, jaką siłę, bogactwo, jasność, czystość, inteligencję!... Tak, inteligencję, to was zdziwiło? Ale nikt na ziemi nie jest tak inteligentny jak promienie słońca, żaden mędrzec, żaden geniusz...

Zajmujcie się promieniami słońca, pragnijcie ich, kochajcie je, otwórzcie się na nie, a zrozumiecie sens stworzenia, wasze życie stanie się twórcze, rozsądne, wspaniałe... stanie się pełnią! Istoty duchowe zamieszkują w każdym promieniu słonecznym i przejawiają się w różny sposób podążając za swoimi kolorami: czerwonym, niebieskim, zielonym, żółtym itd. Dlatego tak bardzo ważne jest dla ucznia by nauczył się pracować ze światłe.

3

Złoto, kondensacja światła słonecznego

Kiedy odczuwacie światło, wytwarza ono w was wielkie przemiany i przede wszystkim wam daje smak: cokolwiek byście robili, cokolwiek byście jedli, pili, gdybyście spacerowali, czytali, czujecie, że wszystko posiada wyśmienity, wykwintny, rozkoszny smak. Lecz jeśli tracicie światło, tracicie smak, gdyż, kiedy traci się światło, traci się najważniejsze. *„Jeśli sól utraci swój smak, nadaje się tylko do podeptania"* – powiedział Jezus. Jeśli tracicie wasze światło, będziecie pogrążeni przez wydarzenia, ponieważ stracicie najskuteczniejszą ochronę. Niestety, nauczano was wszystkiego, poza tym najważniejszym. Jak zdobyć zawód, zarabiać pieniądze, być dobrze ustawionym w społeczeństwie, wszystko obraca się wokół tych trosk, lecz nie wokół tego jak znaleźć światło, przenigdy!

Jeśli nie pracujecie ze światłem, jeśli nie rozumiecie, czym jest światło, niczego nie zrozumiecie w życiu. Wszystko jest w świetle i to ono jest na początku świata, ono jest przyczyną wszechświata. Światło jest duchem, duchem, który przybył ze słońca... Każdy promień jest wspaniałą siłą, która wszędzie podąża, aby przenikać materię i nad nią pracować. Jeśli jest jakaś dziedzina do pogłębienia, to jest nią światło: to, czym ono jest, jak pracuje i jak my także powinniśmy z nim pracować. Ten, który zaniedbuje światło pod pretekstem, że ma swoje interesy, że musi zarabiać pieniądze, itd., nie jest na dobrej drodze.

Oczywiście, jeśli ludzie cenią aż tak bardzo złoto i go poszukują, to dlatego że podświadomie znają sekret, którego nie udaje im się w pełni przypomnieć; tym sekretem jest to, że złoto jest kondensacją światła słonecznego i że to światło zawiera życie, siłę. Trzebaby więc, żeby jeszcze przed poszukiwaniem złota zrozumieli, że ważniejsze od niego jest poszukiwanie światła, gdyż światło to jest głowa, podczas gdy złoto, to jest sam koniec; światło to jest dusza i duch, a złoto, to jest ciało. Jeśli dotykacie ciała bez dotykania duszy, nie dotknęliście niczego. Jeśli posiadacie ciało bez posiadania duszy, jesteście jedynie trupem. Zresztą, niebezpiecznie jest chcieć posiadać złoto przed posiadaniem światła. Znacie to, co się przydarza temu, który bierze węża za ogon: ukąszenie. Trzeba brać węża za głowę, wtedy nie tylko wy będziecie bezpieczni, lecz ogon również ulegnie.

Dlatego koncentrujcie się na świetle, kochajcie światło, które jest symbolem Samego Boga:

otrzymacie jakieś zarodki złota i dzięki tym zarodkom będziecie mogli wytworzyć góry złota. Owszem, lecz, zwróćcie uwagę: mędrcy, Wtajemniczeni posiadają duże ilości złota; jeśli bylibyście jasnowidzący, widzielibyście, że są otoczeni mnóstwem cząsteczek i promieni złota. Wtajemniczony jest otoczony aurą światła, która jest tym złotem żywym, które alchemicy nazywają „złotem do picia". Tak, ponieważ to złoto może być pite. Jest jak rzeka, strumień... Zresztą, alchemicy zalecali napoje o kompozycji w której skład wchodziło złoto; a i w naszych czasach także, pewne wzmacniające ampułki zawierają sole złota. Lecz to nie jest sposób, w jaki by należało wprowadzać złoto w nasz organizm. Metoda ta jest w niewielkim stopniu wydajna, to oczywiste, lecz niewystarczająca. Złoto powinno być pite, jedzone i wewnętrznie przyjęte w formie idei i myśli, idei i myśli najlepszych, najbardziej świetlistych. W takiej chwili, tak, pozyskuje się rzeczywiście złoto. Niestety, to nie jest to, co robi większość ludzi, którzy myślą tylko o tym, jak się wzbogacić za wszelką cenę i możliwie najszybciej. Rezultat jest taki, że złoto staje się przesłoną między innymi a nimi samymi: oni ich już nie widzą inaczej niż jako przeszkody do pokonania, konkurentów do wyeliminowania, stają się twardzi, okrutni. Ponieważ to w ich głowie złoto przemienia się w przesłonę i oni już nie widzą klarownie. Oto więc zło wszystkich

tych, którzy umiejscawiają złoto w swoich gło-
wach. Powiecie: „Ależ więc gdzie powinno się
zatem je umiejscawiać?". W torbie, w kasach
pancernych, lecz nigdy w waszej głowie! To
znaczy nie myślcie o nim, nie pragnijcie go, nie
szukajcie go. W waszej głowie umieszczajcie
tylko światło, mądrość: wówczas będziecie mieć
złoto, to prawdziwe.

Dawno temu poznałem człowieka, który był
tak opanowany przez pragnienie posiadania złota, że skończył na zajęciu się praktykami ma-
gicznymi: oczekiwał, że uda mu się zakląć duchy natury, aby mu pokazały skarby ukryte
w górach. Dzień i noc o niczym innym nie myślał tylko o tym. Któregoś dnia powiedziałem
mu: „Proszę posłuchać: jest pan zaproszony do
pałacu i zamiast być pełnym uwagi i miłości dla
księżniczki pan się zajmuje pokojówką i to do
niej pan się uśmiecha, do niej puszcza oko, całuje ją w rękę.. To nie jest rozsądne". On spojrzał
na mnie zdumiony i dodałem: „Otóż, w tym pałacu, który jest wszechświatem, pan zamiast się
związać z księżniczką, światłem, które może
wszystko dać, które może panu otworzyć
wszystkie bramy i skarby jej pałacu, pan szuka
stosunków towarzyskich z byle jaką dziewczyną,
która nie ma żadnego wpływu, żadnej mocy:
złota. Pan szuka złota ziemskiego, pan nie szuka
złota niebiańskiego, które jest na słońcu: światła.
Odtąd, powinien pan jedynie szukać światła,

ponieważ to ono jest księżniczką; myśleć o niej, mówić z nią, wyznać jej swoją miłość, i to ona potem nakaże złotu, aby podążało ku panu. Ponieważ złoto jest jej wytworem, ona ma władzę nad nim. Lecz, jako że nie ma pan połączenia miłości ze światłem, ona nie wyda żadnego rozporządzenia, żeby złoto poszło do pana. Ona powie: To przede wszystkim mnie powinien pan okazywać uznanie, mnie powinien oddać swoją miłość... Lecz pan mnie lekceważy i całuje pokojówkę... a więc dobrze, wszystkie drzwi będą dla pana zamknięte! –Och! powiedział, teraz już rozumiem, rozumiem". Lecz niestety widziałem, że niczego nie zrozumiał: kontynuuje poszukiwanie złota..., którego zresztą nie znajduje i to tym lepiej, gdyż poprzez to złoto stałby się najgorszym człowiekiem. Ach tak, to jest najczęstsze działanie złota, pieniędzy: ono czyni ludzi okrutnymi, niegodziwymi, ograniczonymi. Podczas gdy przeciwnie, złoto duchowe otwiera ich serca i daje im szerokie, nieograniczone widzenie życia i piękna natury.

Powiecie: „Ależ ludzie, którzy mają złoto, pieniądze, mają dużą władzę, mogą otrzymać wszystko czego tylko chcą!". Tak, głupstwa, drobiny, marności … po pewnym czasie, spostrzegają, że w rzeczywistości nie tylko niczego nie posiadają, lecz stracili swoje zdrowie, spokój i nawet swoich przyjaciół. Jedynie ci, którzy zrozumieli, że złoto naprawdę jest światłem, będą mieć wszystko: wiedzę, miłość, dobro i w dodatku także będą posiadali złoto.

Pieniędzmi być może otwiera się bramy świata materialnego, fizycznego, lecz inne bramy: pokoju, dobra, radości, inspiracji, wszystkich zdolności i cnót, pozostają zamknięte. Więc do czego mogą wam się przydać otwarte wszystkie inne bramy, gdy bramy do sanktuarium są zamknięte? Jecie, spacerujecie, pracujecie bez przyjemności, nie doznajecie żadnej radości: bramy duchowe są zamknięte. Oto, co znaczy rozumieć w błędny sposób, czym jest życie i jego wartość.

Należy złożyć hołd i miłość księżniczce, światłu i wszyscy inni będą na wasze usługi. Księżniczka mówi do swoich służących: „Idźcie, przynieście mu coś do jedzenia, do picia, dajcie mu ubranie, pokój…" i wszyscy odpowiadają: „Tak, Wasza Wysokość… tak, Księżniczko". I kiedy pójdzie pan z księżniczką na spacer, wszyscy pozostali będą podążać za wami, aby wam towarzyszyć i czynić wam względy.

Jeśli złoto kochacie bardziej niż światło, macie przyćmiony umysł i nie widzicie już dobrze. Idea złota, pieniędzy, włożona któregoś dnia w wasze serce, w waszą głowę, to koniec, nie widzicie już niczego innego: ani piękna, ani wspaniałości, ani inteligencji stworzenia. Powiecie: „Ależ co też nam Pan opowiada?". Potrzebuje się pieniędzy. Komu to mówicie, wiem bardzo dobrze, że pieniądze są niezbędne; lecz nie należy ich wkładać do głowy, nie należy ich mieć za mistrza, jako ideał i czynić zeń sensu życia; jako środek, jako narzędzie, jako możliwość, tak, lecz w służbie ideału i tym ideałem powinno być światło, celem powinno być światło. Nie pozwólcie nigdy pieniądzom stać się waszym mistrzem: są one wspaniałym sługą, ale bardzo kiepskim mistrzem, który udzieli wam swych zatrważających rad, które sprawią, że opuścicie Królestwo Boga.

Myślcie więc o świetle, ponieważ to światło jest tym, co daje bogactwo (nie pieniądze, lecz bogactwo), to jest światło, które daje siły, to także światło daje prawdziwą przyjemność. Kiedy posiadacie światło, znajdujecie smak w mniejszych rzeczach: przy zwykłym łyku wody macie wrażenie picia eliksiru życia, jesteście orzeźwieni, jak gdyby woda krążyła w waszych żyłach. Jest to odczucie nie do opisania!

Hermes Trismegistos, Mistrz Misteriów powiedział: „Słońce jest jego ojcem, księżyc jest jego matką, wiatr nosił go w swym łonie i ziemia jest jego karmicielką". Widzicie sami, słońce (ogień), księżyc (woda), wiatr (powietrze) i ziemia: cztery elementy stanowią złącze dla wytwarzania i żywienia tego światła, tej kwintesencji, którą Hermes Trismegistos nazywa Telesma, a która daje Wtajemniczonemu całą wiedzę i wszystkie moce.

Tradycja podaje także, że Zaratustra zapytał Boga Ahura Mazdę jak się odżywiał pierwszy człowiek i Ahura Mazda mu odpowiedział: „Jadł ogień i pił światło". Czy i my nie powinniśmy nauczyć się jeść ognia i pić światła, aby powrócić do doskonałości pierwszego człowieka?

Nauczcie się odżywiać światłem, gdyż w świetle znajdują się największe błogosławieństwa i poczujecie się aż tak bogaci, że zaczniecie kochać wszystkie stworzenia. To ubóstwo rodzi nienawiść. Bogaci nigdy nie nienawidzą nikogo. Lecz dobrze mnie zrozumcie: mówię o prawdziwie bogatych, którymi są wielcy Mistrzowie. Oni żyją w takiej obfitości, że ich serce przepełnia się. Jak więc żyjąc w takim stanie pełni mogliby doświadczać nienawiści? To ci, którzy się czują tego pozbawieni zaczynają być kłótliwi, zazdrośni, zaczynają nienawidzić innych. Kiedy widzicie kogoś kto nie kocha innych, nie okazuje wewnętrznie ani szlachetności, ani hojności, to dlatego że jest on biedny i żałosny.

Nie zapomnijcie nigdy o tym. Kiedy człowiek staje się świadomy wszystkich bogactw, które Bóg mu dał, czuje, że jego serce wypełnia się miłością, myśli jedynie o tym, żeby innym pomagać, oświecać ich. Skoro ktoś jest bogaty i wszystkim przepełniony, jest obowiązany dzielić się. Gdy tymczasem ten, który się czuje biednym, oczywiście ma to za złe bogatym i nie pozostawia ich w spokoju, lecz atakuje, aby ich obrabować. Oto dlaczego ubóstwo – ubóstwo we wszystkich swych formach – jest źródłem przestępczości.

A więc, błogosławieni ci, którzy włożyli do swojej głowy, do swojej duszy, w swoje serce, w swojego ducha światło, światło duchowe, które jest prawdziwym bogactwem. Ktoś zapyta: „Ale jak mieć to światło wewnętrzne?" Co za pytanie! Nie wiecie jak się zabierają do tego pierwotni ludzie, aby wytworzyć ogień? Mają na przykład dwa kawałki drewna, które pocierają jeden o drugi: pojawia się ciepło; kontynuują pocieranie i później widzi się malutkie płomienie, światło. Jak widzicie dokonuje się to w trzech etapach: ruchu (wola), ciepła (miłość, uczucie) i na końcu światła (inteligencja, myślenie).

Żeby dojść do tego światła trzeba więc się zdecydować na działanie, wprawić wolę w działanie, aż ogarnie was ciepło i miłość i to ciepło i miłość same staną się światłem. Oto jak uzyskacie światło! Robicie ćwiczenia, medytujecie, modlicie się aż to, co przyswoilibyście miałoby taki smak, że nie moglibyście się już bez niego obyć i wreszcie światło wytryskuje. Oczywiście, że może też dojść do tego odwrotnie: możecie przeobrażać światło w ciepło i ciepło w ruch. Kiedy posiadacie pewne wiadomości, obudzą w was miłość i miłość was popchnie do działania. Proces rozgrywa się w dwóch kierunkach. Och tak, to jest tak proste! Ludzie są tu latami, żeby się pytać

jak otrzymać światło, jak żyć życiem duchowym
i nie dochodzą do tego, oto, jakie to prost.

4

Światło, które pozwala widzieć i być widzianym

Podstawową właściwością światła jest powodowanie widzenia: oświetlając naszą drogę sprawia, że widoczne są niebezpieczeństwa, lecz także i błogosławieństwa; odkrywa nam więc rzeczywistość. Każda rzecz ma określone właściwości, lecz jedynie światło ma tę właściwość oświecania nas, ukazywania nam drogi. Zaświecacie lampę i spostrzegacie, że tuż przed wami jest przepaść: „A więc mówicie: jeszcze dwa kroki i byłby ze mną koniec!".

Każda rzecz ma swoje własne przymioty. Oczywiście, światło nie nakarmi was, nie da wam pieniędzy, ale być może pokaże, gdzie jest ukryty skarb i będziecie mogli pójść go wykopać i stać się bardzo bogatymi. Podczas gdy bez światła, nawet, jeśli macie pieniądze, mogą być wam skradzione; ponieważ ten, który nie jest oświecony zawsze znajdzie ludzi, aby ich obrabować. To się potwierdza zarówno w świecie wewnętrznym jak i zewnętrznym. Taki jest zresztą sens słów Jezusa w Ewangeliach: „Gro-

madźcie skarby w niebie, gdzie czerwie i rdza niczego nie niszczą i gdzie złodzieje nie docierają ani nie rabują". Od dwóch tysięcy lat ta przypowieść nie była właściwie interpretowana, ponieważ nie rozumiano, że złodzieje, czerwie i rdza reprezentują niebezpieczeństwa, które zagrażają człowiekowi w jego trzech głównych władzach, którymi są: intelekt, serce i wola.

Tak, złodzieje, którzy ciągną korzyści z tego, że się ich nie widzi – więc też i z ciemności – zadają nikczemne ciosy, są symbolem niebezpieczeństw, które zagrażają intelektowi, gdy tylko utraci on swoje światło. W chwili, gdy człowiek traci światło, wprowadzają się do niego złodzieje, tzn. dziwaczne idee, wątpliwości, niepokoje, pozostawiają go opustoszonym, słabym, a czasem nawet prowadzą go do szaleństwa. Ludzie znajdują się w zakładach psychiatrycznych, ponieważ wygasili światło w swojej głowie! Złodzieje weszli z powodu ciemności i wszystko zabrali. Więc jeśli się chcecie chronić przed złodziejami zapalcie światło. Dlaczego jak wiecie zostawia się witryny sklepów oświetlone podczas nocy? Ponieważ światło chroni.

Miałem pewnego dnia okazję rozmawiać z inspektorem policji i powiedziałem mu: „Wierzycie, że można zwalczyć przestępczość zwiększając liczbę policjantów, żandarmów, ulepszając metody nadzoru i dochodzeń? A więc mylicie się, ponieważ środki zewnętrzne nie są w stanie działać w tej dziedzinie skutecznie. Jedynym środkiem skutecznym jest światło". Popatrzyli na mnie zdumieni: „Światło?..." a jak? – Otóż tak, rozważcie: jeśli kryminaliści mogą sobie pozwolić na przekraczanie praw i spokojne przygotowywanie różnych rodzajów kradzieży, rabunków, porwań, morderstw, to dlatego iż wiedzą, iż w większości przypadków ludzie nie poddają w wątpliwość swoich zamierzeń, nie mają żadnej intuicji zdolnej do ostrzegania ich i powodowania, aby mieli się na baczności. Lecz wyobraźcie też sobie, że ludzie posiadają światło wewnętrzne, które pozwoli im wykryć z wyprzedzeniem i z bardzo daleka to, co ktoś przeciwko nim szykuje: wtedy podejmą przeciwdziałania i złoczyńcy nie będzie mogło się powieść. Jedynym środkiem niszczącym przestępczość jest więc światło; dlatego należy nauczyć ludzi rozwijać swoje światło wewnętrzne. To zabierze wiele czasu, lecz jest to jedyny środek, który byłby pewny". Oczywiście ci inspektorzy patrzyli na mnie zdumieni, oni nigdy nie myśleli o podobnej rzeczy.

Dopóki ludzie nie rozwiną w sobie tego jedynego środka, który pozwala widzieć i i przewidywać: światła, będą zawsze w tej czy innej chwili pozbawiani czegoś przez ludzi, którzy nieprzerwanie koncentrują się na nikczemnych ciosach, które przygotowują. Nawet najdoskonalsze środki techniczne nie mogą zapewnić wystarczającej ochrony przeciw złoczyńcom, ponieważ oni również się nimi posługują. Popatrzcie na wszystkie te włamania do banków! Mimo kas pancernych, elektronicznych systemów alarmowych, itd. włamania dochodzą do skutku, ponieważ oni również posiadają środki: ulepszenia techniczne, które służąc policji służą również złoczyńcom. Nie osiągnie się zlikwidowania przestępczości inaczej niż przez zdecydowanie się któregoś dnia na posłużenie się światłem.

Jeśli mamy możliwość widzenia, to dlatego, że promienie, które padają na przedmioty, czynią nam je widoczne. Bez światła nie widzi się nic, co potwierdza, że jeśli istnieje dla nas świat niewidzialny, to jedynie dlatego, że nie jesteśmy zdolni wysyłać promieni ku przedmiotom i istotom, które je zamieszkują. I jeśli przeciwnie Wtajemniczeni są zdolni widzieć w taki sposób rzeczy, których inni nie widzą, to dlatego, że umieją te promienie wysyłać.

Oto prawdy, które się ignoruje, a zresztą, kto chciałby się zajmować nauczaniem ludzi jak mogą wysyłać świetliste promienie, aby przeniknęły ich serca, intelekt, duszę, ducha? Jest o wiele bardziej dla nich interesujące uczyć się tego jak radzić sobie w społeczeństwie, zarobić pieniądze, zająć jakieś miejsce! Lecz na próżno się tak urządzają dzień i noc, są bowiem coraz gorsi i bardziej chorzy. Dlatego też powinni się zdecydować pracować nad światłem i ze światłem, aby nauczyć się wysyłać to światło, które jedyne pozwala nam widzieć. A więc jak się to dzieje, że nic na świecie, nawet to, co istnieje na nim najcenniejszego jak złoto czy kamienie szlachetne, nie jest zdolne do przepędzenia ciemności? Jak to się dzieje, że Stwórca dał światłu tę niesłychaną moc?

Jeśli znacie język symboliczny zrozumiecie, że ciemności są to cierpienia, słabości, choroby i jedynie światło może skutecznie z nimi walczyć. Zresztą zbyteczne jest szukanie lekarstw na wasze trudności. Oczywiście, że na planie fizycznym, aby wejść do podziemia, do groty, do jaskini, wszyscy umieją zapalić lampy; lecz jeśli chodzi o życie wewnętrzne, nie myślą o użyciu światła.

Zresztą, pójdźmy dalej: światło, które umożliwia widzenie, umożliwia również bycie widzianym. Świat wyobraża ciemny ocean i na tym oceanie przypominacie zagubione okręty; i aby duchy bardziej wzniosłe, które chcą was uratować mogły was znaleźć, musicie rozsyłać świetliste sygnały, ponieważ jeżeli jesteście ciemni w ciemności jak was duchy spostrzegą? Jezus powiedział: „*Módlcie się*", to znaczy wysyłajcie silne prądy i żadna inna siła w oczach Boga nie przewyższa siły światła. Niebo nie lubi zajmowania się tymi, którzy są wygaśli i ten, który chce, żeby Niebo spojrzało na niego powinien zapalić wszystkie swoje lampy.

Życzycie sobie, żeby świat boski odpowiadał na wszystkie pytania, które was niepokoją? Stawiając pytania jednocześnie wysyłajcie sygnały świetliste ku górze i on wam odpowie. Jeśli stawiacie pytania w inny sposób, wiedzcie, że nie otrzymacie odpowiedzi, gdyż Niebo nie ulega żadnej presji, za wyjątkiem światła.

5

Praca ze światłem

Ileż osób chciałoby mieć objawienie świata boskiego, czuć się zainspirowanymi, żyć w ekstazie! Wyobrażają sobie, jednak, że musi być niezwykle trudno do tego dojść. W rzeczywistości jest to bardzo proste, tak proste, że gdy się im mówi jak to jest możliwe, nie wierzą: nie zrobią więc nic, aby do tego dojść i nie poznają nigdy wspaniałości świata boskiego.

Dawno temu, kiedy byłem jeszcze bardzo młodym uczniem u boku Mistrza Petera Deunova, zadałem mu takie pytanie: „Jaki jest najbardziej skuteczny sposób, aby się połączyć z Bogiem i rozwinąć zdolności i cnoty duchowe?". Odpowiedział mi: „Trzeba myśleć o świetle, koncentrować się na nim, wyobrażać sobie, że cały wszechświat jest zanurzony w świetle". Pracowałem długo nad tym obrazem światła i wiele się nauczyłem. W rzeczywistości Bóg nie jest światłem, On jest czymś więcej, nie można Go ani poznać ani sobie Go wyobrazić. Zresztą, w *Księdze Rodzaju* jest powiedziane, że stworzył

On światło pierwszego dnia, nie jest więc światłem, lecz to z nim stworzył wszechświat.

Bóg nie jest światłem, ale ponieważ światło jest pierwszą boską emanacją, zawiera ono wszystkie właściwości, wszystkie cnoty Boga i można poznać Boga tylko poprzez światło. Oto ćwiczenie, które możecie wykonywać: każdego dnia kilka razy dziennie: jak tylko macie parę minut czasu, koncentrujcie się na świetle, spoczywajcie w nim, rozpuszczajcie się w nim, nasycajcie się nim... wyobrażajcie sobie, że cały wszechświat kąpie się w tym świetle. Stopniowo poczujecie, że wszystko się w was uzdrawia, że to światło przynosi prawdziwą wiedzę, trwały pokój, równowagę, siłę. Zamiast tracić czas na wszelkiego rodzaju zbyteczne aktywności, myślcie o świetle, które oświeca, które ożywia i uspokaja.

Nigdy nie znajdziecie sensu życia poza światłem. Weźmy bardzo prosty przykład z życia codziennego: gdy budzicie się w nocy i chcecie wstać, pierwszą rzeczą, którą robicie jest zaświecenie lampy. W momencie, gdy jasno widzicie, możecie zrobić to, co chcecie, podczas gdy w ciemności możecie zrzucić przedmioty, zranić się, itd. Tak, ale większość ludzi nie zrozumiała tej nauki światła, robią wszystko w ciemnościach, mówiąc symbolicznie, nie wiedzą gdzie są i dlatego rozbijają sobie głowę.

Należy szukać światła, koncentrować się na nim, pić je, jeść, wynosić je ponad wszystkie skarby ziemi. Jak tylko macie wolną chwilę zamknijcie oczy i skoncentrujcie się na obrazie światła, które wszystko przenika i przynosi wszystkie błogosławieństwa. Musicie czekać u dentysty czy na dworcu?... Więc zamiast wertować magazyny pełne zbytecznych lub głupich rzeczy, myślcie kilka minut o świetle.

Kiedy idziecie ulicą, może się zdarzyć, że zaatakują was myśli i negatywne uczucia. Oczywiście, tam nie możecie się zatrzymać i zamknąć oczu (inaczej po upływie chwili będzie wokół was cały tłum, niektórzy przyniosą sobie krzesła, żeby siąść i was oglądać; nawet ruch będzie zatrzymany!), jednakże nic wam nie przeszkodzi pozostać chwilę przed witryną, jak gdybyście ją oglądali (oczywiście nie taką witryną gdzie inne osoby mogą was widzieć z drugiej strony) i tam skoncentrujcie się kilka sekund próbując wprowadzić w siebie światło. Kiedy odejdziecie poczujecie się uspokojeni, oczyszczeni.

Oto metody, których większość ludzi nie zna; będą oni iść jedną, dwie godziny śmiertelnie znużeni, lecz będą to kontynuowali i ciągnęli ten stan przez cały dzień. Nie pomyślą nawet, by zatrzymać się w parku, aby próbować zmienić swój stan ducha w kontakcie z kwiatami, fontannami… Pójdą raczej do bistra, gdzie coś wypiją patrząc na przechodniów jak krowy, które przyglądają się przejeżdżającym pociągom, potem powrócą – zawsze ze swoimi kłopotami – i kiedy znajdą się u siebie, przeniosą to na swoją żonę, która ich oczekuje: „Kochanie, jak się masz?" i hop, dwa pocałunki, przez które przekażą jej wszystkie swoje wewnętrzne niezdrowe wyziewy. I na końcu żona podzieli się nimi z dziećmi... Oto właśnie jak ludzie żyją nieświadomie i głupio.

Nawet mówiąc do was w ten sposób nie jestem pewny czy podejmiecie sposób koncentrowania się na świetle, widzenia jak ono może pracować nad wami, aby was kształtować, oczyszczać, ożywiać i uratować. Jest się gotowym doświadczyć wszystkiego tego, co może przynieść komplikacje i zmartwienia i otworzyć temu szeroko drzwi, lecz dla światła nie ma czasu ani miejsca. Oto, dlaczego ludzie są dzisiaj słabi, źli, ponieważ nie mają jeszcze otwartego intelektu, serca, duszy i ducha na tę jedyną rzecz, która warta jest trudu: na światło.

To ćwiczenie, które wam dałem jest ważne we wszystkich okolicznościach życia: czy zajmowalibyście się kuchnią, czy pisalibyście listy, czy byście się myli, czy ubierali czy rozbierali, możecie przez kilka sekund wyobrażać sobie to światło, w którym kąpie się cały wszechświat. Niektórzy jasnowidzowi widzieli, że wszystkie stworzenia, nawet kamienie, kąpią się w świetle i emanują światłem.

To światło nazywano uprzednio światłem astralnym, ponieważ jest ono porównywalne do światła gwiazd, lecz ponad tym światłem istnieje jeszcze inne, bardziej subtelne. Kiedy medytujecie, czy jesteście w głębokim stanie duchowym, możecie czasami poczuć, że wszystko staje się w was świetliste jakby słońce was oświeciło od wnętrza, jakby lampy były zapalone i czujecie nawet, że to światło wychodzi poprzez waszą twarz. Kiedy tylko wzniesiecie się ku najwyższym stopniom dobra, hojności, łagodności, wytwarza się w was światło, wy to widzicie, wszystko się rozjaśnia. Dopóki się pozwalacie wodzić uczuciom zazdrości, egoizmu, chciwości, nie musicie nawet przeglądać się w lustrze, żeby sobie z tego zdać sprawę: fizycznie odczuwacie ciemność na waszej twarzy.

Oczywiście, nie należy uogólniać. Kiedy widzicie cień u kogoś na twarzy, nie powinniście sobie wyobrażać, że jest on koniecznie pobudzony złymi uczuciami czy złymi intencjami. Nie, jeśli nie posiadacie innych wiadomości, aby ocenić, możecie się mylić: bo to może być tutaj ktoś inny, kto miałby ochotę rzucić cień na twarz tej osoby; to nie ona przebywa w ciemności, lecz występuje tu zaciemnienie, lub czyni to przedmiot, który wysyła swój cień. A czasami, jeśli jego twarz świeci, to też może być ktoś inny, kto zabawia się lustrami i lustra te wysyłają blask na jego twarz. To nie sama osoba umiała wytworzyć to światło: to pewna istota weszła na chwilę, ponieważ tak się ją rozgrywa i kiedy już zeń wychodzi, światło również znika. Aby móc się wypowiadać o czyjejś twarzy, trzeba być zdolnym do widzenia poza pozorami; lecz mimo wszystko weźcie za kryterium to, że na skutek waszych myśli, uczuć, pragnień, waszych planów, czy intencji światło w was się zmienia.

W rzeczywistości, żeby dojść do posiadania tego światła, bardzo ważna jest kwestia miłości; trzeba mieć dobre zrozumienie tego zagadnienia. Wtedy, kiedy wiecie jak rozumieć miłość, jak ją przejawić, jak pozwolić jej przez was przepłynąć, stajecie się świetliści. Powiecie, że nie widzicie odniesienia… Więc dobrze, pokażę wam je.

Wiecie jak pierwotni ludzie rozpalali ogień: brali na przykład dwa kawałki drewna, które pocierali jeden o drugi, to pocieranie wytwarzało ciepło i wreszcie pojawiał się ogień. Są więc trzy etapy: ruch, ciepło, światło. Jeśli się zinterpretuje to zjawisko, odkryje się, że ruch odpowiada aktywności wytwarzanej przez wolę; ciepło odpowiada uczuciu wytwarzanemu przez serce; i ogień, światło, którym odpowiadają myśli wytwarzane przez intelekt. Symbolicznie można powiedzieć, że w dziedzinie miłości, ludzie się zatrzymują na ruchu. Oczywiście, ten ruch wytwarza ciepło, lecz powinni przekroczyć to stadium prostego uczucia, aby pójść dalej, aż do światła, zrozumienia, aby przeniknąć tajemnice wszechświata. Miłość może ich aż tam poprowadzić, lecz pod warunkiem, że przestaną ją uważać wyłącznie za przyjemne pobudzenie. Istnieje cała wiedza, która uczy ucznia jak wytworzyć światło, lecz dlatego nie powinien poszukiwać jedynie przyjemności, ponieważ przyjemność całkowicie pochłania wszystkie jego energie i powstrzymuje światło od wytryśnięcia. Kiedy gromadzimy się i medytujemy w ciszy, odsuńcie od siebie wszystkie wasze troski, skoncentrujcie się na świetle jakby wszystko zależało od niego, jakby od niego zależało wasze życie. Pomyślcie, że to jest wasza ostatnia chwila, że zmuszeni jesteście opuścić ziemię i że tylko światło może was zbawić i wy się z nim wiążecie. Światło... Nic innego nie powinno się liczyć. To najwspanialsze, jakie istnieje.

Możecie sobie to światło wyobrażać jako białe, rozpalone do białości, a więc będziecie mogli powiedzieć jak Wtajemniczeni: „Jestem cząstką cząstek Duszy rozżarzonej... „Możecie sobie wyobrażać fiolet, błękit, zieleń, żółć, pomarańcz czy czerwień; wskazane jest, żeby to była biel, gdyż światło białe zbiera, łączy wszystkie inne. Poprzez to białe światło możecie mieć wszechmoc fioletu, pokój i prawdę błękitu, bogactwo i wieczne młodnienie zieleni, mądrość i wiedzę żółtego, zdrowie, wigor, witalność pomarańczowego, siłę, aktywność i dynamizm czerwieni, lecz najpierw powinno ono być białe.

Kiedy będziecie próbować się koncentrować na świetle, które będziecie odczuwać jako ocean, który wibruje, który pulsuje, który drży, gdzie wszystko jest pokojem, dobrem, radością, zaczniecie czuć też, że to światło jest zapachem i muzyką, tą muzyką kosmiczną, którą nazywa się muzyką sfer, pieśnią wszystkiego, co istnieje we wszechświecie.

Nie istnieje praca bardziej godna, bardziej chwalebna, bardziej potężna niż praca ze światłem. Jeśli rzeczywiście chcecie się zajmować jakąś sprawą wielką, szlachetną, to jest to właśnie ona. Wszystkie inne aktywności mają swoją dobrą i złą stronę. Jeśli się obserwujecie, spostrzeżecie po pewnych latach, że w tym, co byłoby specjalnością zawodową, którą uprawialiście, macie „oskubane pióra", straciliście wasze siły, wasze zdrowie, wasze piękno. Oczywiście, były jakieś drobne korzyści, jakieś grosze, jakieś małe zaszczyty, lecz jeśli mielibyście złożyć to wszystko na boskiej wadze, skonstatujecie, że odrobina, którą zyskaliście nie kompensuje straconych bogactw.

Niestety, to jest rodzaj kalkulacji, której ludzie nie mają w zwyczaju robić. Robią być może wiele kalkulacji, lecz kiedy chcą otrzymać pieniądze, zaszczyty, chwałę, czy wiedzę, nigdy nie kładą na drugiej szali wagi strat, które te zdobycze pociągają za sobą: pokój, zdrowie, swoją radość i czystość. Kończą być może osiągnięciem tego, co chcą, lecz kilka lat potem widzi się ich w klinikach czy szpitalach psychiatrycznych nie zdolnych do jedzenia, picia, cieszenia się. W takiej chwili właśnie zdają sobie sprawę z tego, co stracili. Mówią: „Żebym to ja wiedział!..." lecz jest za późno. Trzeba było wiedzieć wcześniej. Dlatego wy, którzy „wiecie", poświęcajcie stopniowo coraz więcej czasu na myślenie o świetle. Jest to jedyne działanie, które może was naprawdę wzbogacić i uzdrowić. Przy wszystkich innych aktywnościach, wierzcie mi, podczas gdy zyskujecie jakieś interesy z jednej strony, z drugiej strony tracicie rzeczy o wiele bardziej cenniejsze. Zwróćcie się wstecz, żeby przejrzeć wasze życie, a odkryjecie jak dalece jest to prawdziwe.

Jeśli więc odtąd zechcecie się angażować w zajęcia, które powinny przynieść nowe korzyści w świecie, zastanówcie się ile to was będzie kosztować, co najmniej w dwóch dziedzinach: zdrowia i rozwoju, rozwoju duchowego. Moją rolą jest wam dać kryteria, które pozwolą przemienić wasze życie, to znaczy wkroczyć w nowe życie. Jeśli powinienem zrobić wam przyjemność, wygłosić jeszcze reguły dawnego życia, to nie warto: tym bardziej, że kończę ten temat, a kontynuuję przedstawianie wielkich praw, które mogą pomóc ludzkości w uczynieniu jej mądrą, aby odnalazła drogę do niebiańskiej ojczyzny. Obecnie, byłoby niewielu kandydatów do przestrzegania reguł, to inna kwestia, lecz ja muszę kontynuować ich podawanie.

Odtąd, czy bylibyście tu wszyscy razem, czy całkiem sami u siebie, czy jeszcze gdzieś indziej, myślcie, aby łączyć się ze źródłem wszystkich błogosławieństw: światłem i to jest wszystko.

Dawno temu (musiałem mieć dwadzieścia lat) przeczytałem słowa, których nigdy nie mogłem zapomnieć: cytat z Zohar. Było to oczywiście po bułgarsku, ale przetłumaczę wam na język francuski:

„Siedem świateł znajduje się
Nawzniosłej wysokości,
Tam przebywa Dawny z Dawnych,
Ukryty z Ukrytych,
Tajemny z Tajemnych,
Ain Sof".

Kiedy wymawiałem te słowa wszystko we mnie wibrowało i drżało.

Te siedem świateł to siedem kolorów i każdemu z nich odpowiada jedna cnota: fioletowemu poświęcenie, indygo siła, niebieskiemu prawda, zielonemu nadzieja, żółtemu mądrość, pomarańczowemu zdrowie, czerwonemu miłość. Trzeba jednak wiedzieć, że każda wina, którą człowiek popełnia zmniejsza w nim siłę odpowiadającą jednemu z kolorów. Praca ze światłem i z kolorami w celu otrzymania siły duchowej jest prawie bezużyteczna, jeśli nie podtrzymuje się w sobie odpowiadających kolorom cnót. Wszyscy ci, którzy wyobrażają sobie, że mogą stać się wielkimi magami jedynie oddając się takim czy innym praktykom nie polepszając swojego wewnętrznego życia mylą się. Istoty wyższe nie ulegają tym pokusom i zbliżają się do nich tylko istoty najniższe, żywioły i potwory. Jeśli chcecie przyciągać anioły i archanioły zdołacie to tylko osiągnąć dzięki waszym cnotom, ponieważ istoty wyższe odpowiadają tylko tym, którzy potrafią przejawiać prawdziwe światło to znaczy czystość, miłość, mądrość, prawdę.

Wiedzcie również, iż kiedy chcecie przyciągnąć miłość, albo czyjąś przyjaźń, wszystkie sposoby, żeby to osiągnąć są zabronione (pieniądze, uwodzenie, gwałt, prezenty, chociaż wszyscy używa tych sposobów, ponieważ są najłatwiejsze) z wyjątkiem światła. Tak, jedyny sposób uznany przez Niebo równocześnie najsilniejszy jest posyłanie osobie, przez którą chce się być kochanym podarunków w postaci światła duchowego, które rozlejecie wokół nich. Jeśli chcecie, żeby ktoś was kochał i myślał o was posyłajcie mu światło: jego dusza poczuje obecność dobroczynnej istoty i stopniowo was doceni.

Chcecie, aby przyjaciele, których odwiedzicie byli szczęśliwi, że was widzą? A więc nie zachowujcie się tak jak większość ludzi, którzy składają wizytę swoim rodzicom albo znajomym w chwili, kiedy są poirytowani, zaniepokojeni. Przed wejściem do tego domu, zatrzymajcie się na kilka chwil i pomyślcie, iż ten dom i jego mieszkańcy są zanurzeni w świetle. Jak więc nie mieliby być szczęśliwi z przyjęcia was?

Światło powinno być waszym stałym zajęciem. Tam gdzie jesteście mając wolną chwilę pomyślcie o świetle. Kiedy czujecie w swojej duszy smutek, trudności, zwątpienie, skierujcie się ku światłu i powiedzcie mu: „O światło, ty, które jesteś najinteligentniejsze wniknij we mnie, przyjdź oświecić moje serce i mój umysł". I światło przychodzi i oświeca was. Jeśli chcecie pomóc komuś, kto jest nieszczęśliwy, poślijcie mu w myśli świetliste promienie, przeniknijcie go tymi promieniami. Jeśli czujecie cierpienie w ciele fizycznym, zawołajcie światło, wyobraźcie sobie, że z waszych palców wychodzą promienie we wszystkich kolorach i skierujcie je w miejsce bólu: po pewnym czasie zauważycie poprawę.

Wiedzcie, że będziecie się dobrze czuli tylko wówczas, gdy utworzycie wokół siebie czystą i silną aurę w spektrum wszystkich kolorów. To jest prawdziwa medycyna. Mocna aura jest najlepszą ochroną, jest barierą zwalczającą złe prądy i różne zaburzenia. Otoczony aurą człowiek jest jak w twierdzy; i kiedy wokół niego wszyscy są wzburzeni, zakłopotani, chorzy, on chroni swoją miłość, odwagę, gdyż czuje, iż jest zamieszkiwany przez świetliste istoty, dzięki którym może pomagać innym.

Spróbujcie zrozumieć ważność pracy ze światłem, a będziecie mieć niezawodny sposób. Jeśli nie osiągniecie od razu rezultatu, znaczy to, że pozostawaliście zbyt długo z dala od światła. Jest tyle elementów nieprzeźroczystych nagromadzonych w was, że światło nie może jeszcze ich przeniknąć. Spotyka zbyt grube ścianki i trzeba, żebyście mu pomogli utorować w was drogę oczyszczając ją, aby ścianki uczynić coraz cieńszymi i przeźroczystymi.

W końcu pewnego dnia światło wytryśnie, zaleje wszystko i będzie to triumf Uniwersalnego Braterstwa na całym świecie. Ale potrzeba zapalonych lamp, żywych, takich jak Rabbi Shimon bar Yokai, którego nazywano „Świętą Lampą", ponieważ rozprzestrzeniał światło. Kiedy umarł mówiono, że lampa zgasła, ale lampa świeci dalej w innym świecie...

6

Pryzmat, obraz człowieka

Pryzmat odkrywa nam, że światło rozszczepia się na siedem kolorów.

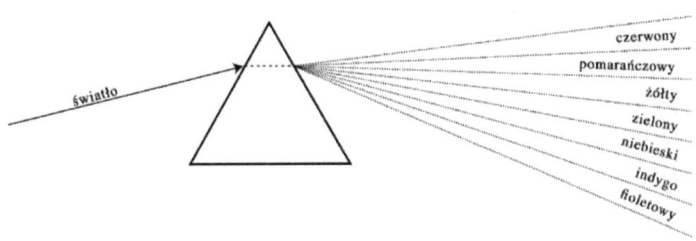

To zjawisko rozszczepienia światła poprzez pryzmat opiera się na trzech znamiennych liczbach: 1, 3, 7. Liczba 1 przedstawia wiązkę światła, które pada na jedną ze ścianek pryzmatu; liczba 3 przedstawia sam pryzmat z trzema ściankami, a liczba 7 przedstawia kolory rozszczepione przez pryzmat.

Symbolicznie można utworzyć związek między trzema stronami pryzmatu i trzema zasadami, które określają postawę człowieka: intelekt, serce, wolę. Żeby siedem kolorów mogło się harmonijnie rozchodzić trzeba, żeby ten pryzmat, którym jest człowiek był transparentny i równoboczny to znaczy, żeby intelekt, serce i wola były w nim równomiernie rozwinięte: trzeba żeby był inteligentny, dobry i zdolny do realizacji swoich myśli i uczuć. Wówczas wszystko będzie w nim harmonijne... Ale oczywiście są to przypadki bardzo rzadkie i pryzmat równoboczny reprezentują Wtajemniczeni, Mędrcy, wielcy Mistrzowie.

Prawie zawsze ludzie są trójkątami o nierównych bokach. Niektórzy mają zbyt rozwiniętą wolę, co oznacza, że w większości przypadków zadawalają się realizowaniem projektów innych. A inni przeciwnie, mają bardziej rozwinięty intelekt i serce niż wolę; oznacza to, że te osoby wiele się zastanawiają i analizują, że są również bardzo wrażliwe, ale jak pojawia się kwestia działania, realizacji, to czekają, żeby to inni za nich zrobili. I tak dalej: istnieją różne przypadki... Ale najlepiej jest zrozumieć, że powinniśmy włożyć cały wysiłek, by stać się pryzmatem równobocznym, aby mogło rozchodzić się siedem kolorów to znaczy by promieniować siedmioma cnotami.

Nie mamy wytwarzać światła, ono już jest gotowe, żeby nas przeniknąć i wywołać skutki, lecz to my nie jesteśmy gotowi, to my nie jesteśmy ani dobrze rozwinięci ani oczyszczeni. Tak, Bóg jest gotowy, by wejść do człowieka i zamanifestować się w nim w całej wspaniałości siedmiu kolorów to znaczy, żeby dać mu wszystkie cnoty i całą moc, lecz człowiek jest przyćmiony, niezrównoważony albo słabowity i Bóg może zamanifestować się w nim tylko w sposób bardzo niedoskonały.

Tak więc pierwszą rzeczą do zrobienia jest przywrócenie w sobie równowagi; na przykład: jeśli dotychczas rozwijało się tylko intelekt trzeba znaleźć warunki do rozwinięcia serca; następnie pracować, wykonywać ćwiczenia, żeby wzmocnić swoją wolę. Kiedy ten trójkąt: serce, intelekt i wola jest doskonale rozwinięty, człowiek spostrzega pojawiające się automatycznie w nim światło tryskające siedmioma kolorami.

Spójrzmy teraz na funkcjonowanie organizmu fizycznego: każdy odtwarza zjawisko pryzmatu ze światłem, które rozszczepia się na siedem kolorów. Na przykład kiedy jecie, pożywienie przedstawia światło, żołądek – pryzmat i on także powinien być w dobrym stanie, aby móc trawić pokarmy to znaczy rozsyłać siedem sił, siedem kolorów do całego ciała. Posyła czerwony do systemu muskularnego, pomarańczowy do systemu krążenia, żółty do systemu nerwowego, zielony do trawiennego, niebieski do systemu oddychania, indygo do systemu kostnego i w końcu fioletowy do systemu gruczołów dokrewnych i czakr.

Tak samo jest z powietrzem, które wdychamy: przedstawia symbolicznie światło słońca, a organy, którymi oddychamy (nos, płuca spełniają podobną rolę jak żołądek), reprezentują pryzmat. Kiedy oczyszczona krew wypełniona tlenem opuszcza płuca przenosi do organizmu siedem wiązek sił.

Takie samo zjawisko wytwarza się ze wzrokiem i słuchem: obrazy są otrzymywane przez oczy, dźwięki przez uszy jak przez pryzmat, który je rozszczepia i przenosi w formie wrażeń. Tak więc wszystko, co wnika w człowieka, to znaczy wszystko, co jest wchłaniane albo spostrzegane przez niego można porównać ze światłem, które wchodzi w pryzmat i wychodzi rozszczepione, żeby być rozprowadzone. Są to te same procesy.

Zobaczmy teraz jak się dzieje z rozprowadzaniem z punktu widzenia ilości. Kiedy żołądek rozprowadza energie, wysyła cztery części do rejonu brzucha i organów seksualnych, dwie części do płuc i serca, a tylko jedną część do mózgu. Żeby zrozumieć to rozprowadzenie trzeba sobie przypomnieć inny podział na trzy, który stosuje Wiedza Inicjacyjna: podział głowa, tułów, brzuch. Głowa odpowiada światu duchowemu, światu inteligencji, tułów (płuca i serce) światu astralnemu, a brzuch (organy trawienne i seksualne) odpowiada światu fizycznemu. Jest to tradycyjny podział u ezoteryków. Tak więc żołądek, który przyswaja pożywienie, rozprowadza go, zatrzymuje cztery części dla swojego rejonu posyłając dwie do serca i płuc i jedną do mózgu. Z powietrza, które otrzymują płuca posyłają dwie części do brzucha, dwie do mózgu zatrzymując trzy dla nich i serca. W końcu kiedy mózg otrzymuje energię słoneczną, zatrzymuje cztery części dla siebie, posyłając dwie do serca i płuc i jedną do brzucha. Elementy duchowe, które pozostawiają bardzo mało odpadów, wchodzą w bardzo niskich ilościach do żołądka, podczas gdy system nerwowy otrzymuje prawie wszystko. Odwrotnie, prawie cała energia wytwarzana przez pożywienie i napoje idzie do systemu muskularnego i brzucha, a bardzo mało idzie do mózgu.

Najważniejsze teraz jest zrozumienie tego, co mówi nam pryzmat; mówi nam, iż powinniśmy pracować nad nami samymi, aby stać się czystymi jak kryształ i harmonijnie rozwijać ten trójkąt, który formuje głowa, płuca i brzuch. Wówczas światło, w którym jesteśmy zanurzeni przeniknie nas i wyjdzie w postaci siedmiu najpiękniejszych i lśniących kolorów.

Mówiłem wam już o symbolice dwóch trójkątów: u jednego wierzchołek skierowany ku górze, u drugiego ku dołowi. Niektórzy z was już wiedzą, że te dwa trójkąty równoboczne są symbolami mężczyzny i kobiety, którzy mają doskonale rozwinięte: serce intelekt i wolę.

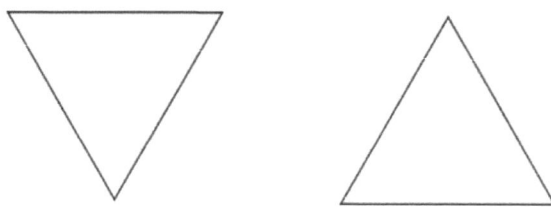

Trójkąt mężczyzny ma wierzchołek skierowany ku dołowi, ponieważ reprezentuje on Ducha kosmicznego, który zawsze schodzi w kierunku materii, ku ziemi, żeby ją ożywić, uduchowić i dać jej część swojej energii: reprezentuje inwolucję. A trójkąt kobiety ma wierzchołek skierowany ku górze, ponieważ jest symbolem materii, która wznosi się, aby połączyć się z ukochanym, duchem: jest to ewolucja. Każdy wykonuje połowę drogi i kiedy oboje się spotykają, obejmują się, łączą i są napełnieni. To spotkanie ducha i materii jest symbolizowane przez pieczęć Salomona, którą nazywa się heksagramem.

Kiedy mężczyzna i kobieta łączą się, żeby począć dziecko to, to, co mężczyzna daje kobiecie, to jest 1 – światło, a kobieta, która reprezentuje 3 – pryzmat, wytwarza 7 sił: istotę kompletną.

To jest to samo prawo. A jeśli kobieta jest źle ukształtowana, nie wytwarza wiązek doskonałych kolorów to znaczy istoty ludzkiej z wszystkimi członkami, wszystkimi właściwościami, lecz istotę niepełnosprawną. Zależy to więc od matki, ale także od ojca, ponieważ ojciec nie zawsze daje coś równie czystego i świetlistego jak światło słońca. To, co jest pewne to, iż coś daje i to, że światło ojca świecące lub ciemne, kiedy przechodzi przez pryzmat matki bardziej lub mniej doskonały wytwarza dziecko bardziej lub mniej ukształtowane. Ale połączenie współgra w sposób absolutny. I nawet, kiedy do was mówię, słowa, które wypowiadam są jak światło słońca, a wy, wy jesteście pryzmatem. Jeśli moje słowa są tak samo czyste, inteligentne i doskonałe jak światło słońca i jeśli jesteście dobrym pryzmatem, to znaczy, gdy jesteście dobrze wypoczęci, uważni i obudzeni, w dobrej kondycji intelektu i serca, urodzą się nadzwyczajne dzieci to znaczy idee, impulsy i konstruktywne decyzje. Ale nawet, jeśli odkryję przed wami najgłębsze i najprawdziwsze rewelacje, jeśli będziecie senni, zmęczeni albo obojętni na moje słowa nie będziecie dobrymi pryzmatami: nie będzie żadnych rezultatów, a nawet powstaną nieporozumienia, ponieważ będziecie rozumieć co innego niż chciałem wam powiedzieć.

Teraz odkryję wam jeszcze coś nadzwyczaj interesującego. Wtajemniczony, który ma w sobie dwa trójkąty, dwie zasady męską i żeńską, stanowi związek ducha i materii. Kiedy jest wypełniony dobrocią, miłością, współczuciem dla ludzi i kiedy cała jego uwaga jest skoncentrowana na tym, żeby sprowadzić na nich błogosławieństwa, przedstawia trójkąt wierzchołkiem skierowany w dół to znaczy ku ludzkości. Wówczas otrzymuje światło Boga i dobrze żeby były wszystkie jego aktywności skoncentrowane ku dołowi, ku ludzkości, gdyż światło wychodzi z niego wiązką siedmiu kolorów, które rzutują w kierunku nieba i aniołowie, archaniołowie i sam Bóg są zachwyceni.

Kiedy zasada żeńska, którą symbolizuje trójkąt materii, trójkąt którego wierzchołek skierowany jest w górę jest o wiele bliżej centrum ziemi. To centrum ziemi także wysyła światło, ale światło diaboliczne, światło mroczne, które może mieć na człowieka, jeśli nie jest ostrożny, inteligentny i czysty, fatalne działanie. A więc jak wam powiedziałem, kiedy Wtajemniczony ma do ludzkości miłość całkowicie bezinteresowną i kiedy z wszystkich sił, z całej duszy pragnie, by wszyscy ludzie byli radośni, w obfitości, w pokoju i w pełni, wtedy wytryska poprzez niego siedem kolorów. Ale wówczas dzieje się coś bardzo ważnego: wszystkie ciemne siły, które Piekło mu posyła, Wtajemniczony oczyszcza, przemienia i potrafi wykorzystać. Dla wielkich Wtajemniczonych nie istnieje zło, którego nie potrafiliby przemienić w światło i radość. Jedynie, kiedy człowiek nie jest połączony ze światłem boskim, kiedy nie rozwinął swojej inteligencji i woli, wpływy podziemne mogą mu przeszkodzić, a nawet sprawić jego upadek.

Mózg, płuca i żołądek rozprowadzają każde siedem sił w całym systemie organizmu człowieka: 3x7=21 i z samym człowiekiem, 22. Oto 22 kluczy, 22 arkanów Tarota. Albo jeśli nie chcecie liczyć człowieka, ponieważ jest on już ukryty w 21 siłach możecie go zastąpić przez światło, które wytwarza wszystkie te siły. To czyni więc 7 energii dla głowy, 7 dla płuc i serca, 7 dla brzucha i ze światłem słońca czyni to 22.

Całe życie wielka ilość podobieństw i połączeń, które składają się na życie jest reprezentowana w tym obrazie światła, które pryzmat rozszczepia na siedem kolorów. Dlatego daje wam teraz jako regułę poszukiwanie światła, wyobrażanie sobie, że jesteście pryzmatem i że potraficie tak dobrze poprowadzić, iż pozwolicie się przenikać przez promienie słońca, żeby mogły następnie wytryskać wokół was siedmioma wspaniałymi kolorami.

7

Czystość otwiera drzwi ku światłu

Części 1

Każdej nocy, kiedy człowiek śpi jego dusza oddala się od ciała fizycznego, żeby zanurzyć się w Duszy uniwersalnej. Podczas tego odpoczynku dokonuje się w nim cała praca czyszczenia i oczyszczania. Po zakończeniu tej pracy dusza może powrócić, podjąć swoje funkcje i zamanifestować się w materii przez różnego rodzaju działania. Ten proces powtarza się każdej nocy, a nawet dla niektórych osób w dzień. Tak więc w nocy dusza opuszcza ciało fizyczne (ale wszystko pozostaje z nim połączone poprzez subtelną wieź zwaną srebrnym sznurem), i kiedy powraca rano odnajduje dom zamieciony, posprzątany, wymyty i może znów podjąć swoją pracę. Gdyby dusza nie opuściła ciała człowiek umarłby zatruty, zaczadzony, ponieważ praca oczyszczająca nie została dokonana.

Trzeba zrozumieć, że życie polega na spalaniu: wszystkie działania fizyczne, uczuciowe, mentalne, którym dajemy nazwę „życie" wytwarzają siły, ale pozostawiają także resztki i trzeba określonego czasu, aby je usunąć. Trzeba więc, aby dusza oddaliła się i oczyszczenie mogło się dokonać. A skoro inwazja nieczystości na ciało zobowiązuje duszę do jego opuszczenia a następnie im bardziej człowiek staje się czysty i przeźroczysty tym mniejsza jest potrzeba opuszczania ciała przez duszę. Rzeczywiście, kiedy człowiek jest obciążony ciężkim pożywieniem (nie myślę tylko o pożywieniu fizycznym, ale także o pokarmie astralnym, i mentalnym) to oczyszczanie trwa bardzo długo i przedłuża nieobecność duszy. Jest to łatwe do zrozumienia: kiedy sprzątająca przychodzi, by zrobić porządki, wyposażona w zmiotkę, wiadro, szmatki, właściciel lokalu powinien wyjść z pomieszczenia i czekać, aż wszystko będzie skończone! Dusza jest więc wygnana z ciała, ponieważ jest za dużo sprzątania do zrobienia.

Zadajmy teraz pytanie jak wiedzieć czy dusza, która opuszcza ciało zawsze wznosi się, by spotkać Duszę uniwersalną czy pozostaje by błąkać się w rejonie niższym. Zależy to od osoby, od natury i wartości jej pragnień, uczuć i myśli. Chcę tu powiedzieć tylko o człowieku ożywionym wielkim ideałem duchowym. W czasie snu jego dusza unosi się ku światłu, kąpie się w nim, kontempluje bezmiar, podróżuje i łączy się z istotami niebiańskimi... Kiedy ponownie odnajduje ciało, przynosi wspomnienia tego, co przeżyła i stara się odcisnąć je w mózgu. Nawet, kiedy człowiek nie uświadamia sobie od razu wszystkich tych niezatartych wrażeń, pewnego dnia zda sobie z nich sprawę.

Dlatego może się zdarzyć, że nagle otrzymacie olśnienie, wiadomość o pewnych subtelnych prawdach, które nosicie już dawno w waszej podświadomości. Jeszcze nie nadszedł moment uświadomienia sobie, ale znalazła się odpowiednia chwila, kiedy wasz umysł znalazł się w dobrej dyspozycji i w jednym momencie światło wytrysnęło. W rzeczywistości, jeśli jesteście przyzwyczajeni do pracy nad swoim ciałem fizycznym, żeby go oczyszczać i uwrażliwiać, wasza dusza może o wiele łatwiej zarejestrować rzeczywistość wzniosłego świata i przenieść go do waszej świadomości. Z tego powodu jest bardzo ważne dostarczanie ciału fizycznemu czystego pożywienia, świeżego powietrza, czystych napojów, a nawet czystych myśli, uczuć i działań.

Duchowość nie polega na lekceważeniu materii, aby zajmować się tylko duchem, ponieważ w rzeczywistości przejawy ducha są ograniczone przez słaby stopień ewolucji naszego ciała fizycznego. Duch ma wszystkie moce, ale nie może przejawiać się jak długo odpowiednie organy w naszym ciele nie są obudzone. Alchemicy, którzy zrozumieli tę ideę, zajmowali się przemianą, oczyszczaniem i wysubtelnianiem materii. Cała praca, którą wykonywali nad metalami w tyglach, alembikach, destylatorach była symboliczna. W rzeczywistości była to praca nad ciałem fizycznym, praca przez wodę, powietrze, ogień, aż uczyni się ciało zdolnym odbijać i przyjmować światło niebiańskie i cnoty ducha.

Duch nie potrzebuje ewoluować, przeciwnie, jego rolą jest inwolucja to znaczy zejście, by ożywić materię. W swoim subtelnym rejonie jest doskonały. Jest to sprawa, która powinna być dla ucznia bardzo jasna: duch ma wszystkie możliwości w górze, ale jest bezsilny na planie materialnym jak długo organy ciała fizycznego nie są gotowe do umożliwienia mu zamanifestowania się. Bardzo ważne jest zrozumienie tego, ponieważ ludzie są czasami pod wpływem filozofii materialistycznej, czasami pod wpływem błędnych koncepcji duchowych i nie potrafią osiągnąć i pogodzić ich obu. Pod różnymi postaciami alchemicy zawsze wyrażali tę samą ideę: mówili o pracy nad materią, aby uczynić ją subtelną i przemienić w czyste złoto, symbol doskonałości.

Tak więc nie tylko duszą i duchem trzeba się zajmować, ale narzędziami fizycznymi przez które one się przejawiają, a jednym z uprzywilejowanych jest mózg. Kiedy spotykacie człowieka debila, to nie jego duch jest debilem, jego duch jest być może wielkim mędrcem, lecz to instrument przez który musi się przejawiać, jego mózg jest uszkodzony. Dajcie największemu skrzypkowi skrzypce z rozstrojonymi strunami, nie będzie mógł grać. Duch jest też wirtuozem i potrzebuje do grania dobrego instrumentu. Wymaga się zbyt dużo od ducha: daje się mu zdezelowane ciało i oczekuje się, żeby dokonał cudów. O nie, to tak jak chciałoby się zapalić światło wilgotną zapałką, nie można.

To, co przeszkadza ludziom w otrzymywaniu objawienia z Nieba, to niemożność poradzenia sobie z kłopotami materialnymi, są uwięzieni i przytłumieni. Nie pomyślą, żeby poświęcić choćby jednej minuty, aby połączyć się ze światem boskim, ze słońcem, ponieważ są tylko zajęci uregulowaniem czegoś, zorganizowaniem czegoś... Nie mówię, że trzeba pominąć te sprawy, ale jest bardzo ważne by poświęcić chwilę na zajęcie się tym: jak pozbyć się ciężaru. Spójrzcie na tragarza, który niesie ciężary w ekspedycji w wysokich górach: od czasu do czasu kładzie je, trochę odpoczywa, siada, coś skubnie do jedzenia, wypije, a potem na nowo podejmuje swój ciężar i wchodzi na górę. Czy wy nie może zrobić tak samo?

Pomyślcie od czasu do czasu o pozostawieniu gdzieś waszych kłopotów, godzinę lub dwie;

zapewniam was, że nikt ich wam nie zabierze! Nie ma wielu chętnych, by wziąć kłopoty innych. A więc złóżcie je z całym zaufaniem, wracając znajdziecie je dokładnie tam gdzie je złożyliście – i nawiążcie kontakt z Niebem.

Części 2

Jeszcze dziesiątki lat temu używano lamp naftowych, każdego wieczora trzeba było wyczyścić szkło lampy. Spalanie wytwarzało odpady, nafta spalając się wydawała rodzaj sadzy, która osadzała się na szkle i nawet, kiedy płomień świecił lampa nie oświetlała; żeby dawała światło trzeba było wyczyścić szkło. Takie samo zjawisko wytwarza się w nas, ponieważ życie jest spalaniem: nasze myśli, uczucia, działania, wszystkie nasze reakcje są rezultatem spalania. Ażeby wytworzyć ten płomień, tę energię, która pozwala nam żyć, trzeba żeby były gdzieś palące się materiały. Ale temu spalaniu towarzyszą nieuchronnie odpady, które trzeba wyeliminować; w przeciwnym razie tak jak lampa nie dająca światła, jeśli nie wyczyści się jej szkła, albo jak piecyk na drewno lub na węgiel, w którym nie usunie się popiołu nie da ciepła, człowiek, który się nie oczyści utonie w ciemnościach, zimnie i w końcu utraci życie.

Niestety ludzie nigdy nie pomyśleli o tych współzależnościach i wyobrażają sobie, że mogą bardzo dobrze żyć i nie zajmować się eliminowaniem nieczystości. Wiedzą, że należy myć się każdego dnia inaczej pory skóry będą zatkane i to zaszkodzi ich zdrowiu. Wewnętrznie jednak nie myją się i dlatego pory ich skóry duchowej są zatkane, nie przychodzi do nich żadne światło i pozostają zanurzeni w ciemnościach oskarżając Niebo, że ich opuściło lub, że jest głuche.

O, nie, Niebo nie opuściło nas i nie jest także głuche! Przeciwności przychodzą do nas, ponieważ uformowaliśmy wokół siebie tyle gęstych warstw, tak je wzmocniliśmy i skonsolidowaliśmy, że nawet Niebo nie może ich przebyć. Jesteśmy zanurzeni w świecie boskim, a jednak czujemy się osamotnieni i od niego oddzieleni właśnie dlatego, iż te warstwy, które uformowaliśmy przez nasze myśli i niższe uczucia tworzą ekran, który przeszkadza nam w łączności z nim. W rzeczywistości Niebo, światło, radość, wszystko jest tu i otacza nas, a ten, kto decyduje się pracować nad sobą samym, by się oczyszczać i uczynić ciało subtelnym i wrażliwym odbiorcą spostrzeże, że w rzeczywistości nie istnieje żadne rozdzielenie między Niebem a nim.

Dam wam inny obraz. Kiedy niebo jest odkryte słońce się ukazuje; kiedy niebo jest zakryte chmurami, słońce pozostaje zakryte. Ale kiedy wzniesiecie się samolotem na wysokość dziesięć tysięcy metrów i znajdziecie się ponad chmurami, tam słońce świeci zawsze, nigdy nie jest zakryte.

A więc z ezoterycznego punktu widzenia chmury nie są niczym innym jak gęstymi, ciężkimi, ponurymi myślami i uczuciami, które jeśli się nagromadzą w naszym sercu i intelekcie zasłaniają nam słońce. Słońce zawsze świeci w naszym wnętrzu, słońce, które jest Samym Bogiem, źródłem życia, źródłem światła. Zawsze tam jest, obecne gdzieś w głębi nas, w centrum naszej istoty, ale nie widzi się go, nie czuje się go, jest się w ciemności i drży z zimna, dlaczego? Bo nie umieliśmy się oczyścić.

Niezwykle ważna dla człowieka jest umiejętność usuwania nieczystości ze swojego organizmu psychicznego. Dlatego ćwiczenia mają tak ważne miejsce w życiu ucznia, nie tylko oczyszczanie sposobami fizycznymi jak post, ćwiczenia oddychania, obmywanie itd... Ale oczyszczanie sposobami duchowymi: koncentracją i modlitwą, bo te ćwiczenia pozwalają mu na wprowadzenie w siebie substancji, która rozkłada obce elementy, a więc trujące.

Dawałem wam wielokrotnie do wykonywania ćwiczenia z czterema elementami: ogień, który płonie, powietrze, które się rozprzestrzenia, woda, która myje, ziemia, która pochłania. Spróbujcie odszukać je i praktykować. Jest to w waszym interesie. Każdego dnia, wiele razy dziennie pomyślcie, że wasze działania fizyczne i psychiczne będące rezultatem spalania wytwarzają resztki, których musicie się pozbyć. Te resztki są być może porównywalne z odrobiną dymu; ale dym, który odkłada się po trosze, codziennie, w końcu wytwarza czarną warstwę, której nic nie może usunąć.

Weźmy teraz zjawisko z życia codziennego; nie pomyśleliście o tym, żeby go zinterpretować. Po jedzeniu trzeba wydalić pewne materie; jest to prawo, któremu podlegają wszystkie stworzenia. Studiujcie system trawienny człowieka: wszystko jest wspaniale zaprojektowane, żeby otrzymywać pożywienie i odrzucać to, co nie jest przyswojone. Jeśli pojawia się anomalia i zaburza dobre funkcjonowanie nerek albo jelit, człowiek powoli się zatruwa. Ale nie dzieje się to tylko w planie fizycznym: jeśli wydalanie nie odbywa się poprawnie w planie eterycznym, astralnym, w planie mentalnym, człowiek także się zatruwa. Ileż ludzi jest zatrutych psychicznie, ponieważ ich ciała eteryczne, astralne i mentalne są przesycone nieczystościami! Oni nie wiedzą, że w tych planach są także elementy do odrzucenia i wszystkie kanały są zatkane, zakorkowane. Trzeba je odetkać, żeby krążenie mogło się znowu odbywać.

Oto jest jeszcze dowód na to, co wam powiedziałem. Jesteśmy zanurzeni w boskim życiu, świetlistym, bogatym, ale nie czujemy tego, ponieważ kanały są zatkane i połączenie jest przerwane. Oto dlaczego najważniejszą rolą Inicjacji jest nauczenie ucznia, że tylko oczyszczając się dojdzie do przywrócenia połączenia, żeby życie boskie mogło w nim krążyć. Kiedy życie krąży przynosi wszystkie materiały niezbędne dla komórek. W chwili, kiedy to krążenie zatrzymuje się następuje śmierć.

To, co wam tutaj objaśniłem jest zapisane w naturze przez Inteligencję kosmiczną, ale nie zatroszczyliście się o to, żeby to odszyfrować. Studiujcie życie wszystkich stworzeń i zobaczycie, że w tym czy w innym momencie wszystkie mają coś do odrzucenia. Dlatego każdego dnia, kilka razy dziennie pomyślcie o uprzątaniu i oczyszczaniu. Pozwólcie płynąć wodzie, wodzie niebiańskiej, wyobraźcie sobie, że jesteście w strumieniu albo pod wodospadem i że wszystkie wasze nieczystości są porwane. Możecie także sobie wyobrażać, że jesteście kryształem i powoli stajecie się przeźroczyści. O! Naturalnie to nie może być przezroczystość fizyczna, ale w dziedzinie eterycznej, astralnej, mentalnej; jeśli znajdzie się jasnowidz stwierdzi, że naprawdę jesteście przeźroczyści i czyści jak kryształ i że energia z Nieba przechodzi przez was, tak jak światło przechodzi przez pryzmat i rozszczepia się na siedem kolorów. Skoro istnieje najlepsza metoda, dlaczego nie zastosować jej zamiast ciągle cierpieć, płakać i zanudzać innych?

Każdego dnia powinniście myśleć o oczyszczaniu się, ponieważ zewsząd nie przestajecie otrzymywać nieczystości, nie tylko w planie fizycznym, jedząc, pijąc, oddychając, ale w planie psychicznym poprzez wasze myśli, uczucia a także przez myśli i uczucia innych i jesteście zatruci. A więc uważajcie na siebie, nie czytajcie, nie oglądajcie wszystko jedno czego, nie odwiedzajcie byle kogo, ale przede wszystkim uważajcie na wasze myśli, wasze przyzwyczajenia, które nabywacie, ponieważ tylko dzięki tej ostrożności staniecie się czyści, duchowo czyści. Nie tylko ta czystość przyniesie wam wszystkie korzyści, ale wasza obecność będzie korzystna dla innych: przyniesiecie dobro wszystkim stworzeniom, które spotkacie, oczyścicie je i oświecicie.

Nie powinniście nigdy zapominać, że wasz stan wewnętrzny nie dotyczy tylko was samych, ale ma wpływ na innych. Jeśli jesteście nieczyści wasze emanacje brudzą także innych. Chcecie czynić dobrze, to zrozumiałe, ale wiedzcie, że nie możecie zrobić nic dobrego, jeśli nie jesteście czyści. Proszę, to absolutnie wszystko. Jeśli rzeczywiście chcecie pomóc ludzkości, możecie to zrobić przez waszą czystość. Nawet, jeśli nic do kogoś nie mówicie, to przez waszą czystość pozwalacie przejść przez was światłu, które przyczynia się do polepszenia całego świata wokół was. Tak, tylko przez waszą obecność, ale gdy jesteście nieczyści to znaczy: źli, niesprawiedliwi, chciwi, zbrodniczy, przyczyniacie się do zatruwania całego świata. A więc czy wierzycie czy nie, tak jest; ja w to wierzę, lub raczej, ja to wiem.

Ludzie szukają inteligencji, siły, woli, miłości i pieniędzy przede wszystkim! Wszyscy pędzą za pieniędzmi, a za czystością...? A czystość jest podstawą wszystkiego. Zajmujcie się czystością a cała reszta sama do was przyjdzie. Czystość da wam lepsze samopoczucie, uczyni was piękniejszymi, silniejszymi, bardziej inteligentnymi. Rzeczywiście, współcześni, choć tak mądrzy, oczytani, pominęli ten problem czystości. Życie czyste, czemu ono miałoby służyć? Mają inne zajęcia a następnie przez ich nieczyste życie upadają, chorują i tracą nawet wszystko, co posiadali, ponieważ podstawa była chwiejna. Tak, podstawa... Byli święci, którzy nie przeczytali żadnej książki, którzy nigdy nie studiowali, lecz tylko pracowali nad czystością i proszę, wszystkie inne zalety zaczęły się w nich przejawiać: wiedza, jasnowidzenie, możliwość uzdrawiania... ponieważ nie mieli już nieprzeniknionych złogów, nie mieli już przesłony i wszystkie bogactwa Nieba mogły ich przenikać.

Powinniście więc pracować każdego dnia, żeby pozwolić wejść światłu, każdego dnia czyścić, przecierać, myć... pracować jak pokojówka. My, którzy zamierzamy zostać księciami, księżniczkami, mamy być pokojówkami? Ależ tak, pokojówka może stać się księżniczką. Kiedy doprowadzicie w was wszystko do porządku, porzucicie wasze stare ubrania, żeby włożyć ubrania książęce.

8

Żyć intensywnym życiem światła

Z wszystkich rzeczy znanych nam w świecie fizycznym światło jest najszybsze; przemierza 300 000 kilometrów na sekundę. Dlaczego Inteligencja kosmiczna dała właśnie światłu tę największą szybkość? z wyjątkiem Wtajemniczonych, którzy w swojej filozofii zawsze oddają pierwsze miejsce światłu, nikt nie pomyślał, żeby zająć się tą sprawą i wyciągnąć konsekwencje dla życia duchowego.

Nic nie dorównuje szybkości światła i to daje mu wielką przewagę nad wszystkimi rzeczami. Tak, szybkość jest kryterium perfekcji nie tylko w dziedzinie technicznej. Jeśli wasze myśli zwalniają i nie możecie na nich polegać, żeby mieć szybkie i dokładne spojrzenie w sytuacji krytycznej, możecie ulec wypadkowi lub wpaść w pułapkę. Tak samo, kiedy życie wewnętrzne, życie psychiczne przebiega w zwolnieniu, wszystko staje się trudniejsze, światło jest miernikiem kryterium.

Światło nie ma nic złego na myśli, nie jest wyrachowane, jest wyzwolone, wolne od wszelkich pożądań i dlatego biegnie tak szybko, jest zawsze pierwsze. Jeśli chcecie zbadać serce ludzkie, zbadać wszechświat, wszystkie bogactwa Duszy uniwersalnej wiedzcie, iż zdołacie tylko pod warunkiem posiadania szybkości i intensywności światła.

To, co stanowi różnicę między różnymi królestwami wszechświata to intensywność wibracji, które pobudzają ich materię. Od królestwa minerałów do królestwa człowieka i ponad nimi poprzez hierarchie anielskie aż do Tronu Boga, życie manifestuje się z wzrastającą intensywnością i subtelnością. Można powiedzieć, że miarą ewolucji człowieka jest intensywność jego życia. Większość ludzi, którzy nie zrozumieli tej prawdy żyje w zwolnieniu: serce, płuca, wątroba, mózg, myśli, wszystko jest w nich zastałe i nie wiedzą, że jest to dla nich niebezpieczne. Ten, kto żyje w zwolnieniu jest jak wolno się obracające koło, całe błoto się przylepia; ale gdy sprawisz, by koło obracało się szybciej, błoto będzie odrzucone. Łatwo to zrozumieć. Dlaczego więc znajduje się wśród ludzi tyle „kół" obracających się wolno?

Ponieważ zdarza im się być zdenerwowanymi, zagniewanymi, albo z kimś w łóżku, ludzie myślą, że to jest intensywne życie. Nie, życie intensywne to nie jest krzyk, gestykulacja albo namiętna popędliwość. Ten, kto żyje intensywnym życiem nie wykonuje być może żadnego ruchu, ale wewnętrznie wibruje tak szybko jak światło, a nawet szybciej. Ponieważ to prawda, że światło jest najszybsze w świecie fizycznym, ale na planie eterycznym, astralnym i mentalnym człowiek może oczekiwać jeszcze większych szybkości: poprzez swoje myśli, przez swojego ducha, które są formą światła, może się przemieszczać z szybkością milionów kilometrów na sekundę. Światło słońca potrzebuje osiem minut żeby przebiec na ziemię, podczas gdy myśl może dotrzeć natychmiast do najodleglejszego punktu w przestrzeni. Ruch ducha jest o wiele szybszy niż ten światła, ale dla nas światło stanowi najlepszy przykład szybkości, aby pokazać nam, iż powinniśmy przyspieszyć intensywność naszego życia.

Jeśli we wszystkich warunkach życia weźmiecie za kryterium wibracje światła będziecie mogli lepiej rozważyć, przemyśleć i zanalizować w oparciu o prawdziwą podstawę, wszystkie zjawiska waszego wewnętrznego życia. Jest to bardzo ważne, bo po przeżyciu pewnych subtelnych chwil powinniście dojść do wniosku czy jesteście zdolni do zachowania tego stanu świadomości. Słuchając muzyki wszyscy mogliście stwierdzić, iż są dni, kiedy ten sam utwór wywołuje w was wibracje, uniesienie, a innego dnia prawie nic nie odczuwacie. A więc trzeba teraz mieć tę świadomość we wszystkich innych dziedzinach życia psychicznego, nauczyć się rozpoznawać stopień intensywności waszych emocji. Zakochani są być może jedyni by móc wam powiedzieć czy to pierwszy pocałunek był bardziej intensywny czy ostatni. Oni przynajmniej mają kryteria... W końcu powiedzmy tak bez zbytniego dociekania, co to znaczy.

Uczeń powinien się kontrolować, szczególnie w swoich medytacjach rozpoznawać czy wzrosła jego subtelność, intensywność, słowem duchowość w stanach świadomości albo przeciwnie czy straciła na sile. Jest jeszcze inna zaleta do rozwinięcia, wnikliwość: umieć rozpoznać czy każdego dnia, każdego miesiąca, każdego roku, zrobiliście postęp, podnieśliście się porównując z dniami, miesiącami, latami przeszłymi. W życiu psychicznym wytwarzają się różne rodzaje zmian i jest tam tysiąc spraw do zgłębienia, zanalizowania, ułożenia.

Żyjąc nieprzerwanie życiem intensywnym możecie dokonać nowych odkryć wewnętrznych, ponieważ ta intensywność odkrywa wam każdego dnia nowe prawdy. Powiecie: „Ale jak można dokonywać odkryć wewnątrz siebie?" Czytając, studiując, rozumiem, ale całkiem samemu, z siebie samego czy można dokonywać odkryć? Ależ tak, życie intensywne jest drogą do znalezienia najważniejszej prawdy o wszechświecie. Nigdy nie odkrylibyście tych prawd gdybyście nie mieli ich źródeł w sobie, gdybyście ich nie przeżyli. Jeśli jest ktoś, kto wam je odkrywa, człowiek, którego kochacie i do którego macie zaufanie to dobrze, ale trzeba by jednak je zweryfikować przez was samych.

Jeśli ludzie są zawsze pogrążeni w niepewności i wahaniach to dlatego, że szukali prawdy na zewnątrz, a wszystkiego, co jest zewnętrzne nigdy nie można być pewnym. Tylko wewnętrzna droga czyni wątpliwość niemożliwą. Tam, nawet, jeśli chcecie wątpić, nie możecie! Czy możecie wątpić, kiedy bolą was zęby? Czy mówicie: „Poczekaj... czy boli mnie czy nie?... nie..., jeśli... W końcu, być może?" To jest okoliczność, w której niestety niemożliwe jest wątpić! Wszystkiego, co odczuwamy w naszych siłach wewnętrznych jesteśmy pewni. Dlatego prawdziwe odkrycia są w życiu wewnętrznym, intensywnym, silnym, tryskającym, jak światło. Trzeba życzyć sobie takiego życia, prosić o nie i przygotować warunki, żeby mogło zaistnieć.

Popatrzcie na przykład, co się dzieje rano o wschodzie słońca: jeśli jesteście tam bez zapału, tylko żeby oglądać słońce, uśniecie. Ale jeśli jesteście obudzeni, ożywieni intensywnym życiem, cała wasza istota zaczyna wibrować i odczuwać słońce. Bez życia intensywnego nie możecie poznać ani słońca, ani gwiazd, ani Pana, ani świętych Ksiąg ani nawet człowieka, który was kocha.

A więc jak to zrobić, żeby rozpocząć żyć intensywnym życiem? Najpierw trzeba zaakceptować jego idee, zrozumieć, iż jest pożądane i korzystne; następnie trzeba go pokochać, pragnąć; a w końcu trzeba się zdecydować go realizować... Wówczas cała reszta powoli nadejdzie. Ale ważne jest by rozpocząć przez akceptacje idei tego intensywnego życia, bo jeśli się nie zaakceptowało, żyje się w zwolnieniu, w stagnacji. Nawet, jeśli się dojdzie do otrzymania pewnych niebiańskich inspiracji robi się wszystko, żeby je odepchnąć pod pretekstem, iż nie jest to normalne. A więc czy lepiej być jak kamienie? Wielu powstrzymuje prądy boskie od ich nawiedzania, ponieważ mało oświeceni ludzie zarzucili im, iż te kontakty z Niebem były przejawem niepokojącym i mogą doprowadzić do szaleństwa. Odkąd to intensywne życie duchowe prowadzi ludzi do zachwiania równowagi? Popatrzcie na to! Czy wszystkich tych, którzy są w szpitalach psychiatrycznych doprowadziło tam intensywne życie, życie boskie, słoneczne czy też nieład ich gwałtownego życia?

Jeśli światło jest tak szybkie to dlatego, iż jest bezinteresowne, ponieważ ma najlepsze intencje w swojej głowie. Jesteście zdziwieni, bo nikt wam nigdy nie powiedział, żeby światło miało głowę, prawda? Tak, światło jest szybkie, bowiem uwolniło się od wszystkiego, co jest niskie; ono nie obciąża żadnym brzemieniem zwierzęcia a nawet czystego człowieka. Widzieliście człowieka biegnącego bardzo szybko niosącego ciężary? Nie może, gdyż, aby biec trzeba być uwolnionym i odrzucić wszystko, co waży. I rzeczywiście światło, które jest bardzo inteligentne nigdy nie chciało obciążać się niepotrzebnymi ciężarami, głupimi zobowiązaniami, które zatrzymują. Ono chce być wolne i dlatego biegnie, to wspaniałe, ono pędzi galopem!

I jako że ma zarazem wiele miłości, śpieszy z pomocą ludziom; jego miłość skłania go do szybkiego posuwania się naprzód, aby natychmiast stać się użytecznym. Wszyscy inni, którzy są przeciążeni wszelkiego rodzaju brzemionami, przybywają, gdy choroba zniszczyła już ich życie. Ktoś zmarł, a dopiero wieki potem będzie się go wybawiać. Oto szybkość ludzi! Światło jest najinteligentniejsze.

Ideałem ucznia jest uwolnić się ze wszystkich swoich ograniczeń, odrzucić wszystkie przeszkody, aby stać się jak światło. Oczywiście, to nie jest takie łatwe; gdy żyje się na świecie, w materii, jest tyle przeszkód, przeciwności!... Lecz ten, który jest świadomy i kto się zdecydował przyjąć światło za przewodnika oczyszcza się, uwalnia i wibruje tak intensywnie, że nic go nie może już powstrzymać: przemierza przestrzeń, ogląda ją, bada, i dzięki swojej bystrości wewnętrznej dochodzi do odkrywania cudów wszechświata. Porównajcie to z sytuacją wszystkich tych, którzy nie chcą się przemieszczać: oni nigdy nie podróżowali, nigdy nie opuścili swojej wsi, spędzili całe swoje życie ze świniami, krowami, baranami, o czym by mogli opowiedzieć? Nigdy niczego nie widzieli ani nie odwiedzili. Podczas gdy światło podróżuje, ogląda, potwierdza, poucza i to od niego należy wymagać, aby opowiadało to wszystko, co widziało w drodze zmierzając do nas. Lecz jest się dalekim od tych metod: nikt nie zajmuje się naleganiem na promienie słoneczne, aby opowiadały to, co widziały, to, co wyniosły ze swoich podróży, a tym bardziej decydowania o słuszności ich działania.

Każdego ranka o wschodzie słońca macie wszystkie warunki do tego, aby zacząć żyć życiem intensywnym. Trzeba przede wszystkim nauczyć się uwalniać od pożądliwości materialnych, gdyż jedynie poprzez zadowalanie się czymś bardzo małym można zwiększyć intensywność myśli i uczuć oraz podróżować w przestrzeni. Jezus, który znał to prawo wyrażał go przez obraz mówiąc, że wielbłąd łatwiej przejdzie przez ucho igielne niż bogacz przez bramy Królestwa niebios. Pozornie jest to rzecz najbardziej absurdalna: jak to jest możliwe, że wielbłąd, który jest wielki i gruby, przejdzie przez ucho igielne, a nie mógłby mały bogaty chuderlak przekroczyć niezmierzonej bramy? A więc Wiedza inicjacyjna wyjaśnia, że Jezus nie mówił o ciele fizycznym, lecz o ciele astralnym: kiedy ciało astralne jest napełnione wszelkimi rodzajami pragnień, człowiek nie może wejść do Królestwa Boga, nie uda się mu przejść przez bramę. Podczas gdy wielbłąd jest symbolem istoty, której ciało astralne jest malutkie, ponieważ jest wstrzemięźliwy, przemierzając pustynię zadowala się małą ilością pożywienia i wody.

Tak, wszyscy wtajemniczeni są zgodni: im więcej człowiek jest uwikłany w interesy, tym mniej ma warunków do życia życiem intensywnym, tym mniej dochodzi do wibrowania w unisonie ze światłem. Wszyscy ci ludzie, którzy mają ochotę połknąć cały świat, zobaczcie ich tylko! Oczywiście krzyczą, wydają rozkazy, przenikają świat wszystkimi zmysłami, nie można zaprzeczyć, że rozwijają wielką działalność, lecz to nie jest życie intensywne. Życie intensywne nie przejawia się poprzez słowa, gesty czy ruchy. Można być tu, siedząc nieruchomo, jednakże dotykać serca wszechświata, lecz możecie tego nie zrozumieć dopóki tego nie zrealizujecie. To jest tak samo trudne do wyrażenia jak momenty, kiedy mężczyzna i kobieta, którzy się kochają wymieniają w milczeniu spojrzenie, którego nie będą mogli nigdy zapomnieć. Żaden wykonany gest, żadne wypowiedziane słowo nie może oddać intensywności miłości, jaką sobie dali... Podczas gdy ktoś inny pada na kolana, żeby wyznać: „Kocham Panią, uwielbiam Panią...

Pani oczy, włosy, uśmiech... Przychylę Pani Nieba, umrę dla Pani... „O la la, co za naciąganie! Ma się zresztą chęć odesłać go do diabła.

I ja też jestem zawsze gotów do was mówić, wam wyjaśniać, wyjaśniać, wyjaśniać... Boże, co za rola! Lecz ja oczekuję dnia, kiedy nie będę do was niczego mówił, gdy będziemy pozostawali jak teraz, razem, w nadzwyczajnej ciszy..., lecz trzeba was przygotowywać. Ponieważ macie potrzebę przygotowania się, aby rozumieć, czuć, chwytajcie wszystko, co mógłbym tu wam dać w taki sposób.

Widzicie, jest w mojej głowie wiedza, cały program, którym się kieruję. Niektórzy nie są aż tak zadowoleni: według nich powinienem mówić w taki a taki sposób, poruszać taki temat, podejmować taką decyzję... Wiem dobrze, że na świecie prelegenci starają się zawsze zadowalać gusty publiki, lecz w moim przypadku jest inaczej; mój program oparty jest na innej rzeczy niż gusta i preferencje ludzi, którzy nie zawsze są oświeceni i nawet, jeśli są oni niezadowoleni, tym gorzej dla nich. Ja nie akceptuję żadnej sugestii tych, którzy ode mnie żądają, żeby im podawać wiadomości książkowe. Oni są zbyt przyzwyczajeni do korzystania jedynie z intelektu, nigdy niczego nie robiąc ani nie zastosowując: oni nie medytują, nie modlą się. Jedynie tylko wiadomości: czytają, odnotowują, informują, zachowują się odpowiednio do wszystkiego tego, co się dzieje obecnie w świecie. Lecz stwierdzą pewnego dnia, że to nie jest najlepszy sposób rozwijania się i uwalniania, gdyż nie robią niczego, aby skonkretyzować, zastosować ich wiadomości w gestach, czynach, zachowaniach.

Ludzie wiedzą wszystko, lecz nie robią niczego. Oni wiedzą, że cierpliwością można dokonywać cudów, lecz nie są cierpliwi. Wiedzą, że łagodnością osiąga się nadzwyczajne rezultaty, lecz nie przestają popadać w gniew. Wiedzą, wiedzą, wiedzą…, lecz kiedy trzeba realizować tę wiedzę, dochodzą do wniosku, że to nie jest takie interesujące. Dobrze, niech robią, co chcą, lecz w ten sposób nie przemienią się, przeciwnie, pozostaną słabi, podatni na zranienia, chorowici i źli, nie poznają nigdy intensywnego życia.

9

Promień lasera w życiu duchowym

Części 1

Światło posiada w dziedzinie technicznej niesłychane zastosowania, które już znały dawne cywilizacje jak np. Atlantów. Wiadomo, że z pomocą kryształów chwytali i koncentrowali światło słoneczne, dzięki któremu sprawili, że zaczęły funkcjonować różnego rodzaju aparaty i maszyny. Dzisiaj nauka znakomicie przystosowała laser, który pozwala otrzymywać wiązki świetliste o bardzo dużej mocy i realizować cuda, lecz to, co chcę wam powiedzieć o laserze dotyczy innej dziedziny, dziedziny duchowej.

Laser, co oznacza: „Zastosowanie Światła przez Stymulowaną Emisję Radiacji" (zastosowanie światła przez stymulowaną emisję promieniowania) został wprowadzony w 1960 przez amerykańskiego fizyka Theodore Maimana.

Laser jest kryształem rubinu syntetycznego w formie cylindra, którego jeden kraniec stanowi powierzchnia reaktywna a drugi przeciwległy powierzchnia pół-reaktywna. Ten kryształ jest poddawany działaniu światła zielonego flesza, które pobudza atomy chromu zawarte w rubinie (to co nazywa się pompowaniem optycznym). Jeżeli intensywność pompowania fleszu jest wystarczająca, następuje emisja poprzez kraniec pół-reaktywnej, wiązki światła niezmiernie intensywnej.

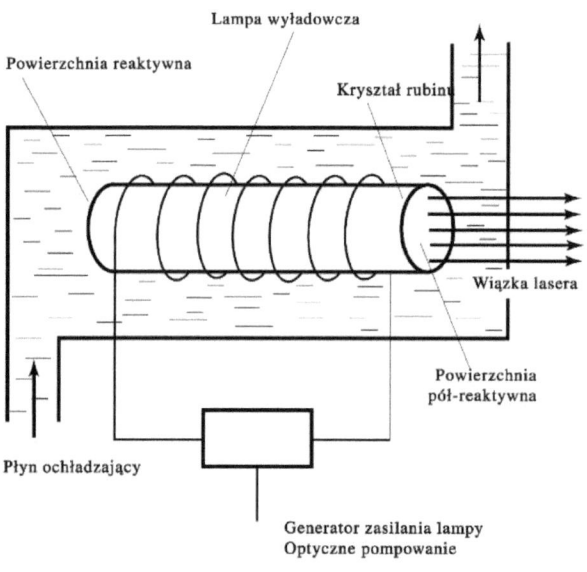

Schemat A: Zasada lasera rubinowego

Światło lasera jest światłem monochromatycznym, gdyż cechą jego są fotony o tej samej częstotliwości, które są wysyłane w tym samym kierunku, oraz fazie, co znaczy, iż jest także światłem koherentnym. Te własności wytwarzają zainteresowanie laserem, gdyż monochromatyczne i koherentne światło jest światłem o nadzwyczajnej mocy. Nie wszedłem w szczegóły, ale jeśli ich pragniecie, znajdziecie je w specjalistycznych wyrobach, bo mnie interesuje to, by wam pokazać, że choć przez tysiące lat nie odkryto lasera, aż dopiero uczynili to współcześni uczeni, jednak Wtajemniczeni już go znali.

W laserze znajduje się zasadę kaduceusza Hermesa, który sam jest zarysem człowieka (schemat B).

Laska reprezentuje kręgosłup i dwa węże przeplecione dwa kanały, które schodzą do prawej i lewej półkuli mózgu; te przepływy się krzyżują na poziomie karku przechodzą przez płuco lewe i prawe, krzyżują się na nowo w splocie słonecznym, przechodzą wątrobę i śledzionę, krzyżują się w pępku, przechodzą przez nerkę lewą i prawą, krzyżują się w centrum Hara i wreszcie przechodzą przez gruczoły seksualne u mężczyzny i jajniki u kobiety (schemat C)

Schemat B: Kaduceusza Hermesa

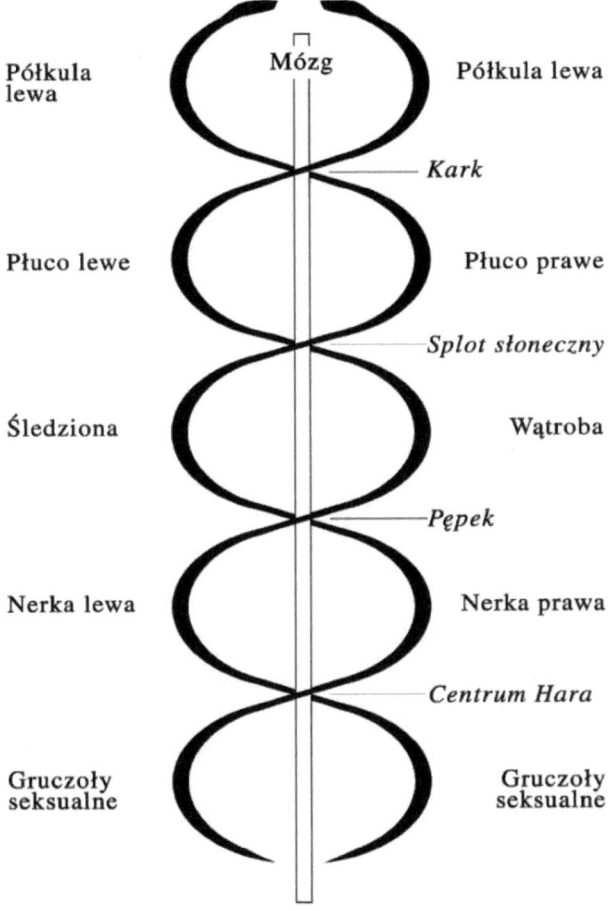

Półkula lewa	Mózg	Półkula lewa
	Kark	
Płuco lewe		Płuco prawe
	Splot słoneczny	
Śledziona		Wątroba
	Pępek	
Nerka lewa		Nerka prawa
	Centrum Hara	
Gruczoły seksualne		Gruczoły seksualne

Schemat C

W rzeczywistości, nie są to dwa węże owinięte wokół magicznego pręta, lecz tylko jeden, który jest spolaryzowany pozytywnie i negatywnie. Laska reprezentuje zawsze zasadę męską i wąż, spirala, zasadę żeńską, która otacza, która rozwija zasadę męską, żeby wzbudzić siły w niej zawarte. Oto głęboki sens kaduceusza Hermesa. Pręt w centrum reprezentuje plan mentalny, podczas gdy wąż, który jest spolaryzowany, reprezentuje plan astralny. Bo jak już wam powiedziałem, plan astralny, jest przeniknięty przez dwa przepływy: jeden wznoszący, drugi opadający. Kaduceusz Hermesa jest więc symbolem dwóch zasad: męskiej (pręta) i żeńskiej (węża spolaryzowanego pozytywnie i negatywnie), ponieważ zasada żeńska jest zawsze wyrażana przez liczbę dwa. Jest to przedstawienie człowieka wraz ze wszystkimi możliwościami rozwoju celem zamanifestowania boskiej siły.

W innej formie znajduje się kaduceusz Hermesa na Drzewie sefirotów z jego dwoma filarami surowości (pozytyw) i miłosierdzia (negatyw), umieszczonymi po obu stronach filaru centralnego, lub filaru równowagi. Dwa kanały opadające Keter, przechodzą przez Chochmę i Binę, krzyżują się w Daat, przechodzą przez Chesed i Gewura, krzyżują się w Tiferet, przechodzą przez Necach i Hod, krzyżują się wreszcie w Jesod, który, symbolicznie, reprezentuje organy genitalne (schemat D).

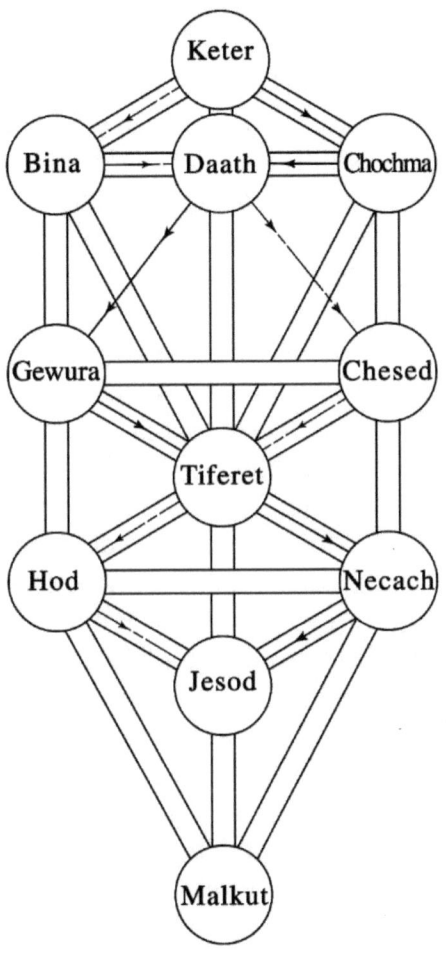

Schemat D

Według tradycji hinduskiej człowiek posiada w rdzeniu kręgowym trzy przewody o naturze eterycznej: w centrum się znajduje Sushumna, na lewo Ida i na prawo Pingala. Przez odpowiednie pozycje, ćwiczenia oddechowe i medytację, yogin osiąga obudzenie siły, która drzemie w czakrze Muladhara znajdującej się u podstaw kręgosłupa; siła ta, którą się nazywa Kundalini, wznosi się w kanale Sushumny, przechodzi poprzez różnorodne czakry: Svadisthanę, Manipurę, Anahatę, Visudhę, Ajnę, które uruchamia, aby ostatecznie dojść do czakry Sahasrary na szczycie głowy. I tam wytryska ona jak wiązka światła (schemat E). Yogin, który doszedł do prowadzenia Kundalini aż po czakrę Sahasrary posiada największe siły; lecz, aby dojść do tego, wcześniej oczywiście niezbędna jest ścisła dyscyplina, a i mimo tej dyscypliny, bardzo mało yoginów uprawia prowadzenie siły Kundalini aż po szczyt.

Mogło dochodzić do tego, gdy budząc przedwcześnie czy bezwiednie Kundalini niektórzy nie byli uprzednio oczyszczeni czy niewystarczająco zrealizowali jej opanowanie, że byliby pokonani przez tą siłę, ponieważ jest ona straszliwa i człowiek, który nad nią nie panuje może być zniszczony, nie tylko psychicznie, ale także fizycznie. Mądrzej jest więc nie szukać przedwczesnego obudzenia siły Kundalini, lecz ten kto się przygotowywał przez długie lata

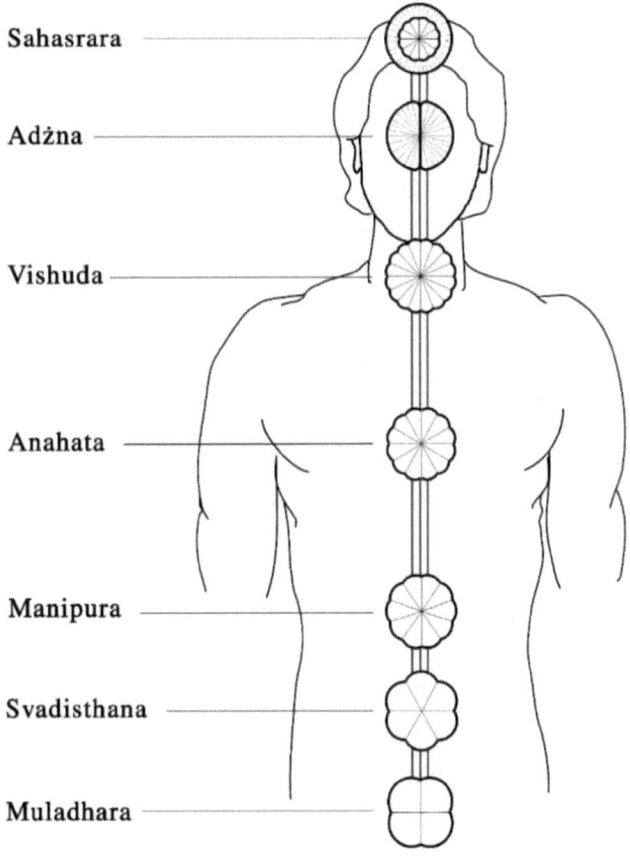

Sahasrara

Adżna

Vishuda

Anahata

Manipura

Svadisthana

Muladhara

Schemat E

może to robić bezpiecznie i jedną z tych najefektywniejszych metod jest oddychanie, ponieważ dwa nozdrza są w relacji z przepływami Idy (żeńskiej) i Pingali (męskiej); te przepływy stymulowane przez oddychanie mogą ze swojej strony stymulować Kundalini. Wąż Kundalini, którego nazywa się też zielonym światłem, wznosi się więc w rdzeniu kręgowym gdzie pobudza elektrony i podnosi się aż do mózgu, tam jednoczy się z zasadą męską Shivy. Jest to więc zwycięstwo, unia dwóch zasad i wtajemniczony, któremu się udało zrealizować tę unię może wysyłać światło.

Widzicie więc jak tradycja żydowska, grecka i hinduistyczna prezentują pod różnymi symbolicznymi formami, pewne procesy duchowe, które wytwarzają się w człowieku i dla których nauka wynalazła obecnie techniczne zastosowanie posługując się laserem. Zresztą, ci uczeni, którzy w tej chwili robią tak rewolucyjne odkrycia są reinkarnacjami Atlantów, ponieważ Atlantowie znali już laser tak jak i inne techniki ostatnio odkryte, a także i te, które będą dopiero w przyszłości.

Powtarzam: wiedza jedynie adaptuje w dziedzinie technicznej to, co wytwarza się w człowieku i dam wam przykład. Tylko, jako że jest ryzyko, iż niektóre osoby będą zszokowane, zrobię tak jak prezydent trybunału, który zwrócił się podczas posiedzenia do publiki: „Panie i Panowie, z uwagi na fakty o ryzykownym charakterze, które obowiązani jesteśmy obecnie przedstawić, powiadamiamy osoby skłonne do gorszenia się, że mogą opuścić salę..." „Oczywiście, nikt nie wyszedł." „Obecnie, ponowił prezydent, ponieważ osoby te wyszły, możemy zaczynać". Więc również wam powiem: „Ponieważ wszystkie te osoby wyszły, mogę zaczynać" i oto to co chcę wam powiedzieć. W momencie aktu seksualnego, to, co zachodzi między mężczyzną i kobietą jest porównywalne do fenomenu lasera: organ męski jest podniecony i podekscytowany organem żeńskim kobiety i oto światło, które wytryska, wspaniała siła, gdyż ona kreuje dziecko! Organ człowieka odgrywa rolę pręta rubinu a organ żeński spiralnego fleszu. Nauka nic więc nie wymyśliła: ona odkryła i zaadoptowała prawdy, które są rozsiane w naturze całej wieczności.

Aż do czasu obecnego, choć nauka dzięki światłu dotarła do niezliczonych realizacji, nie była jeszcze jednak zdolna użytkować tych wszystkich możliwości, ponieważ nie znała sposobów otrzymywania wiązki monochromatycznej i koherentnej. Obecnie, gdy to się stało, będzie to punktem wyjścia dla wspaniałych realizacji.

Szkoda jedynie, że uczeni nie mieli idei wygięcia pręta rubinu, aby zaistniał w formie S jak kręgosłup, gdyż poprzez ten sposób osiągnęliby laserem rezultaty jeszcze bardziej genialne. Powiecie, że forma nie ma żadnego znaczenia ... a więc w rzeczywistości mylicie się, ona je posiada. Dlaczego światło i fale ogólnie mówiąc manifestują się podążaniem za ruchem sinusoidalnym? I co to są za przepływy, które nadają kręgosłupowi formę S? Powiecie, że to jest powód mechaniczny: ta forma jednak była niezbędna, aby móc podtrzymywać głowę i zespół ciała. Więc ciągle przyczyny mechaniczne... Nie, jest inny powód, lecz zostawmy to na następny raz.

Światło jest wszechmogące, Bóg stworzył je jako pierwsze, to ono jest na początku wszystkiego. Lecz ludzie nie umieją pracować ze światłem. Nawet ludzie duchowi, którzy zawsze mówią o świetle, nie umieją. Obecnie, to naukowcy są tymi, którzy przewyższają spirytualistów w objawianiu siły światła. Przyszłość będzie eksploracją światła.

Niestety, podczas gdy uczeni robią badania w swoich laboratoriach tak dobrze wyposażonych unikają laboratoriów, które natura umieściła w nas samych. A jednakże to właśnie owe laboratoria wewnętrzne jeszcze lepiej wyposażone pozwolą wam realizować zjawiska bardziej wybitne niż te, które udaje się realizować na planie fizycznym. Dlaczego cała wspaniałość miałaby być na zewnątrz człowieka a nie w nim? Iluż ludzi wam powie: „Przyjdźcie zobaczyć

moje pracownie, mój garaż, moją fabrykę...",
lecz nigdy nie powiedzą: „Wejdźcie odwiedzić
głębię mojego wnętrza", gdyż oni wiedzą, że
w nich panują wszelkie nieporządki, rozpętują
się wszystkie namiętności; to nie jest naprawdę
dobry spektakl, nie bylibyście zachwyceni, raczej chce się więc go ukryć, lecz jaka to szkoda!

Części 2

Jak wam już mówiłem, iż chociaż laser znalazł zastosowanie dopiero ostatnio, Wtajemniczeni od tysięcy lat znali tę zasadę, ponieważ w rzeczywistości, nikt nie może odkryć na planie fizycznym czegoś, co nie istnieje już w tej czy innej formie w dziedzinie subtelnej. Człowiek nie odkrywa niczego, nie wymyśla niczego. Odkrywać to jedynie odnajdywać dzięki intuicji, imaginacji czy drogą prób i błędów jakąś rzecz, która już istnieje w dziedzinie subtelnej. Wszystkie aparaty takie jak radio, telewizja, telefon opierają się na tych samych prawach, co te, które rządzą planami najwyższymi, czy nawet naszym ciałem fizycznym: uwzględniając nasze uszy, oczy, nasz mózg, nasze serce, płuca...

Pokazałem wam, że zasada lasera odnajduje się w człowieku: to kręgosłup (który ma pozycję wertykalną) i seks (który jeśli jest aktywny przyjmuje pozycję horyzontalną) są dwiema formami lasera. Wtajemniczony, który chce uszlachetniać energię seksualną nie zatrzymuje się na laserze niższym, seksie; on pracuje z tym drugim laserem, kręgosłupem i ten laser jest jeszcze potężniejszy, może poruszyć niebo i ziemię. Zadaniem ucznia jest obecnie nauczenie się przechodzenia z linii horyzontalnej do linii wertykalnej. Horyzontalna ma kierunek materii, wertykalna zaś ducha i krzyż jest syntezą tych dwóch. Zapytajcie chrześcijan, co reprezentuje krzyż; dla nich ma on sens przez to, że Jezus został ukrzyżowany. W rzeczywistości krzyż jest symbolem o wiele szerszym.

Powróćmy jednak do lasera; żeby przejść z „lasera horyzontalnego" do „lasera wertykalnego", uczeń nie powinien już poszukiwać w akcie seksualnym przyjemności, lecz jedynie zadania. Często, gdy niektórzy mężczyźni i kobiety przychodzą do mnie skarżyć się, że nie udało im się opanować siły seksualnej jestem zmuszony im wyjaśnić, iż przyczyna jest w powiązaniu tej siły z ideą przyjemności zamiast kojarzenia jej z ideą pracy. Energia seksualna ma to same źródło, co energia słoneczna, to jest „wielka siła wszystkich sił", o której mówi Hermes Trismegistos. Siła ta istnieje na różnych planach: na planie fizycznym manifestuje się jako energia seksualna, lecz na planie duchowym przejawia się jako czyste światło.

Wobec tego, że człowiek jest obrazem wszechświata ten, który osiągnął prowadzenie tej siły aż po mózg, aż po czakrę Sahasrarę wysyła to samo światło, co słońce, podczas gdy u tych, którzy wysyłają ją poprzez laser niższy, światło to się kondensuje, staje się płynne; lecz bez względu na to jaki by był stan, w którym ono się manifestuje ma tę samą naturę, co światło słoneczne. Wtajemniczony, któremu się udało wprowadzić czystość we wszystkich swoich komórkach jest zdolny wysyłać poprzez swój seks cząsteczki eteryczne, niewidzialne światło, które wywiera dobroczynne skutki na wszystkie stworzenia w przestrzeni.

Powiecie: „Lecz to jest ryzykowne!" Tak, wiele rzeczy może wydawać się ryzykownymi tym, którzy nie umieją czytać i interpretować w sposób czysty i bezstronny księgi natury żywej. W rzeczywistości, nawet to, co mężczyzna może fizycznie dać kobiecie poprzez swój seks jest różne, zależnie od stopnia jego ewolucji, gdyż ogólnie rzecz biorąc trzeba żebyście wiedzieli, iż sposób życia człowieka determinuje jakość jego emanacji.

Ludzie mają tak prostackie i materialne wyobrażenie o stosunkach między mężczyznami i kobietami; liczy się według nich tylko to, że się całują i razem sypiają. To jest błąd; w rzeczywistości mężczyzna i kobieta łączą się w dziedzinie o wiele subtelniejszej, której nie zawszą są świadomi. W czasie spotkania na przykład, chłopiec i dziewczyna, którzy się nie znają, zauważają się z oddali i czują się nagle przyciągani jedno przez drugie: wówczas z jakiegoś miejsca ciała chłopca emanuje coś eterycznego, co także odbiera dziewczyna nie zdając sobie z tego sprawy i ta energia się rozchodzi po jej ciele. Nie dotknęli się, nie całowali, lecz po powrocie do domu, czują się zachwyceni, uniesieni, gdyż chłopiec nieświadomie coś jej darował i dziewczyna bezwiednie to przyjęła.

Energia ta, jak wam mówiłem, ma tę samą naturę, co energia słoneczna. Oczywiście, u większości mężczyzn z powodu ich nieuporządkowanego i chaotycznego życia, nie jest ona tak czysta jak światło słońca, lecz u Wtajemniczonego, który się zbliża do doskonałości, jest to energia, która może działać korzystnie na całą naturę, a nawet na ludzi. Mówi na ten temat w sposób subtelny, gdyż nigdy nie wiadomo jak się będzie zrozumianym. Co się stanie, jeśli niektórzy będą sobie teraz wyobrażać, że są jak słońce? ... Dlatego proszę was, aby nie pozwalać sobie na wdawanie się w różnego rodzaju mierne dyskusje. Wyjaśniam wam jak Inteligencja kosmiczna wyobraziła sobie człowieka na obraz słońca, aby was zachęcić do pracy, a od was zależy poprawne zrozumienie mnie i czynienie wysiłków wsensie duchowym.

W każdym razie widzicie, że nie jestem przeciw miłości mówię tylko, że należy wybrać jej najlepszą postać, najlepszy przejaw, to wszystko. Jedynie miłość może uczynić ludzi doskonałymi, lecz jeśli nie jest rozumiana i prawidłowo wyrażana, to właśnie ona może spowodować zgubę ludzkości.

Wielka siła wszystkich sił jest siłą seksualną, gdyż, jaka inna siła we wszechświecie może być do niej porównywana? Jaka inna siła może tworzyć życie? Zresztą, kiedy Hermes Trismegistos mówi na ten temat: „Słońce jest jego ojcem", podkreśla tym pochodzenie słoneczne. Niestety, ludzie są tak poniżeni, że akt, przez który mężczyzna zapładnia kobietę nie ma nic wspólnego ze słońcem, lecz powinno się to znów przywrócić. I nie tylko ten akt: wszystkie akty naszego życia codziennego muszą znowu się stać słoneczne, to znaczy być świetliste, ciepłe i ożywiające.

Na Drzewie sefirotów Keter jest związany z Ojcem, Tiferet z Synem i Jesod z Duchem Świętym. Kiedy wam mówiłem o „Tajemnicach Jesod", powiedziałem, że to w Jesod znajduje się czystą miłość i dlatego „grzech przeciw Duchowi Świętemu" wzmiankowany w Ewangeliach jest grzechem przeciw miłości. Duch Święty jest tą energią miłości, która obudzona w czystości, już obiera drogę ku wyżynom. Siła Kundalini nie jest niczym innym niż ogniem Ducha Świętego, który jest uśpiony w człowieku; przez czystość przebudza się w Jesod, wspina aż po Tiferet, serce, gdzie staje się światłem i przechodzi wreszcie do Keter, czakry koronnej gdzie staje się wszechmocna.

Siła Kundalini jest więc tym samym, co wielka siła wszystkich sił o której mówi Hermes

Trismegistos. Ta siła, która jest zdolna tworzyć życie jest kondensacją światła słonecznego. U Wtajemniczonego, który dochodzi do jej uszlachetnienia, staje się ona eteryczną i przejawia się jako światło poprzez jego oczy i mózg.

Części 3

Wy, którzy szukacie tego, aby się doskonale rozwinąć w trzech światach, fizycznym, duchowym i boskim; wy, którzy szukacie miłości, mądrości i prawdy; wy, którzy szukacie wolności, siły i dobra, powinniście wiedzieć, że nie będziecie ich mogli znaleźć, chyba, że doszlibyście do tego, aby posiadać jedyny cel w życiu, podążać tylko w jednym kierunku. Jakie by były wasze zadania i wasze brzemiona, wszystkie wasze troski, wszystkie wasze myśli, wszystkie wasze pragnienia i wszystkie poruszenia nawet waszych komórek, muszą podążać w jednym kierunku: Królestwa Bożego i jego Sprawiedliwości, boskiej miłości, światła. Wówczas wytwarza się w was taka mobilizacja energii, że dochodzicie do realizacji wszystkiego, czego pragniecie.

Każdy człowiek posiada ducha, duszę, intelekt, serce, wolę, ciało fizyczne i największą trudnością dla niego jest je zharmonizować. O ile sam do tego nie doszedł, o tyle nie udało mu się zaprowadzić w sobie jedności, nie może być ani mocny ani potężny. A celami Wtajemniczenia jest wykreowanie w człowieku tej jedności. Dlatego zawsze naciskam na to, żebyście się nauczyli ześrodkowywać wszystkie wasze zdolności, wszystkie wasze aktywności w jedynym punkcie. Czy były by to: dusza, duch, intelekt, serce, brzuch, seks... powinniście im wytyczyć jako cel wasze doskonalenie się, wasze oświecenie. Pewnego dnia jedność ta zrealizuje się w każdym z was, wszyscy razem będziemy mogli się skoncentrować na świetle. Wówczas by nastąpiło takie uwolnienie sił, że jeśli dałbym wam formuły do wymawiania, moglibyśmy wytworzyć efekty zbawienne dla całej ludzkości.

Tak, chciałbym żebyście zrozumieli, iż praca myśli, którą tu razem wykonujemy może, jeśli jest wykonywana poprawnie uwolnić światło równie potężne jak w laserze i oddziaływać skutkami na cały świat.

Oczywiście, możecie robić to ćwiczenie koncentracji na świetle całkiem sami u siebie, lecz jeśli robimy to razem, jego siła będzie w sposób zauważalny wzmocniona. Aby móc zainteresować i pomóc całej ludzkości, trzeba laser kształtować przez bardzo dużą ilość ludzi skoncentrowanych na tej samej idei. Często się skarżycie, że medytowanie nie przynosi żadnych większych rezultatów: dzieje się tak dlatego, że się koncentrujecie na różnych przedmiotach i niekiedy nawet na przedmiotach, które was zbyt przerastają, żeby ta medytacja była efektywna. Jeśli jednak koncentrujecie się na świetle – co nie jest trudne – obeznani jesteście ze wszystkim, co tu zachodzi i każdy się poczuje wsparty w swoim wysiłku i wytworzymy razem jednakową wibrację o niesłychanej sile, gdyż każdy będzie wibrował w unisonie ze światłem, brakuje jedynie przyzwyczajenia do koncentrowania się; bardzo niewielu to ćwiczy i wykonuje prawdziwą pracę; inni... Bóg sam wie jedynie o czym oni myślą! Rozproszeni... zawsze rozproszeni.

Mówiłem wam często o Piramidach i tym, co symbolicznie reprezentuje figura geometryczna piramidy, której krawędzie łączą się na szczycie; ci, którzy konstruowali Piramidy już w przeszłości znali tajemnice lasera. Piramida zaprasza ludzi do znalezienia szczytu i wibrowania w unisonie wraz ze szczytem, gdyż w tym momencie uwalnia on siły nadzwyczajne. To jest ten sam symbol, co okrąg z centralnym punktem, o którym wam również wiele mówiłem. W punkcie koncentrują się wszystkie siły. Punkt centralny to nasza natura wyższa, nasz duch, Sam Bóg; podczas gdy okrąg, to jest natura niższa, nasze ciało fizyczne, materia, która powinna być ożywiona przez wibracje ducha. I my koncentrując się na świetle, którego wibracje są bardzo szybkie, zbliżamy się do punktu centralnego, Pana i to On ożywia naszą substancję. Dlatego, że wibruje intensywnie, punkt może tworzyć okrąg, wszechświat.

Nic z tych rzeczy, które możecie wykorzystać, aby być w dobrym zdrowiu, równowadze, szczęściu, nie może być równie skuteczne jak światło. Oczywiście, powiecie mi, że nie wierzycie, gdyż już próbowaliście myśleć o świetle i to nie dało rezultatów, podczas gdy niektóre pastylki, niektóre pigułki... dały rezultaty natychmiastowe! A więc wiedzcie, że wasze stwierdzenia były błędne. Nie nauczyliście się jeszcze odpowiednio pracować ze światłem, więc oczywiście to nic nie daje, lecz nauczcie się wibrować z nim w unisonie, przyciągać je, ożywiać w was i zobaczycie, do czego jest zdolne! Nic wam tak nie pomoże jak światło.

Całe moje życie zajmowałem się światłem, gdyż tylko światło mnie interesowało. Z tego jeszcze nie wynika, że już je zrozumiałem, czy posiadłem, lecz już od mojej młodości, a nawet okresu, kiedy żyłem w nędzy, wiedziałem, że nie pomyliłem się zajmując się światłem, gdyż to dzięki niemu można realizować największe przemiany przede wszystkim w swoim ciele, lecz także w swoim sercu, w duszy, w duchu iwreszcie w innych stworzeniach.

Iluż przychodzi na spotkania, aby się skarżyć, że są zniechęceni, nieszczęśliwi z tej czy innej przyczyny... z niczego! A ja im mówię: „Jeśli jesteście w podobnym stanie, to dlatego że niczego nie zrozumieliście z Nauki.-Jakże to, więc ja nic nie zrozumiałem? Ja wszystko zrozumiałem, przeczytałem wszystkie Pana książki. -Lecz sam fakt pewnego zachwiania przez tak małą rzecz pokazuje, że niczego nie zrozumieliście. Przeczytanie wszystkich moich książek nie dowodzi, że zrozumieliście to, o co chodzi. Jedynym słusznym dowodem byłoby udowodni waszego zrozumienia. Nawet, jeśli niczego nie czytaliście, a dajecie na nie dowody, jesteście wspaniali!". Oto jak należy rozumować. I jeśli uważacie, że światło nie ma żadnej skuteczności, to po prostu nie potraficie ani go zrozumieć ani z nim pracować.

Kiedy wam w ten sposób mówię o świetle, powinniście sobie przypomnieć to, co wam mówiłem o dwóch rodzajach światła: svetlina, światło fizyczne, które widzimy i videlina, światło duchowe, światło pierwotne, które Bóg stworzył na początku gdy powiedział „*Niech się stanie światło!*". W czwartym dniu, w chwili, gdy Bóg stworzył świat, księżyc i gwiazdy, pojawiła się svetlina, która jest tylko bardziej materialnym przejawieniem videliny. Słońce, które nie jest kulą ognia, jak się to sobie wyobraża, lecz żywą istotą obdarzoną świadomością... słońce przyjmuje światło subtelne, niewidzialne, videlinę, i przemienia ją w widzialne światło, svetlinę, dzięki której oświeca wszechświat. Ta kwintesencja, videlina jest tak potężna, że ten, który dojdzie do tego, żeby ją w sobie skondensować w miliardowej części miligrama zatriumfuje nad wszystkimi przeszkodami.

Choćby to światło było rozsiane wszędzie w przestrzeni i przenikało wszystkie rzeczy, człowiek go nie widzi, ani go nie czuje, ponieważ nie jest jeszcze wystarczająco rozwinięty duchowo, żeby spostrzegać rzeczywistość tak subtelną. Często koncentrując się na świetle, wyostrza on tak swoje spostrzeżenia, że nie tylko zaczyna je czuć, lecz też przyciągać i ono wykonuje całą nad nim pracę. Dlatego podczas chwil medytacji, przywyknijcie do odsuwania wszystkich waszych trosk, aby się skoncentrować na niebiańskim świetle; w ten sposób przyciągacie go, wprowadzacie w was i wszystkie stare cząstki waszego ciała stopniowo są zastępowane przez cząsteczki nowe, świetliste. Robiąc to ćwiczenie pracujecie dla waszego wybawienia, dla waszej nieśmiertelności. Nie zaprzestawajcie nigdy szukać światła, gdyż jedynie ono może przywrócić w was harmonię absolutną.

Możecie robić to ćwiczenie ze światłem łącząc je z oddychaniem. Wdychacie myśląc, że przyciągacie światło, a wydychacie myśląc, że wysyłacie je do was samych, do waszych organów, do waszych komórek. Od nowa wdychacie... potem wydychacie... Bardzo szybko będziecie mogli stwierdzić jak to ćwiczenie pomyślnie na was działa: czujecie się odprężeni, w pokoju.

Kiedy już raz przyciągnęliście do siebie światło, możecie zrobić drugie ćwiczenie: wdychacie światło i kiedy go wydychacie, wyobrażacie sobie, że rozsyłacie je na cały świat. Oczywiście, nie jest to możliwe, aby robić drugie ćwiczenie wcześniej niż po długim wykonywaniu pierwszego i zastąpieniu w sobie wielu z obumarłych chorowitych cząsteczek, cząsteczkami światła. Należy czekać na odczucie, że praca transformacji i oczyszczenia udała się, aby móc dawać innym to światło, które się w siebie przyjęło. Ta praca ze światłem jest także symbolizowana przez literę hebrajską Alef א. Alef to jest Wtajemniczony, który przyjmuje światło niebiańskie, życie boskie, aby je dać ludziom.

Na kilka minut odsuńcie wszystkie wasze troski. Będziecie mogli na koniec je podjąć na nowo, lecz podczas medytacji, powiedzcie im, aby pozostawały za drzwiami, poczekały przynajmniej aż skończycie koncentrować się na świetle; i wszystkimi tymi promieniami, które wysyłacie, ja zajmę się w ten sposób, że zgromadzę je w jednej wiązce świetlistej, którą wyślę od siebie na cały świat.

Pod pretekstem nie posiadania ani sytuacji, ani darów, ani nadzwyczajnych właściwości, wielu zdaje się usprawiedliwiać pozwolenie sobie na przeciętne życie. Nie, nikt nie może się jednak w ten sposób usprawiedliwiać. Nawet, jeśli jest się człowiekiem pozbawionym środków do życia i jakichkolwiek widoków, można zawsze jeszcze wykonywać pracę ze światłem, ponieważ jest prosta, wszystkim dostępna i czyniąc ją realizuje się pewną rzecz najważniejszą i bardziej użyteczną niż wszystkie prace najzdolniejszych ludzi w innych dziedzinach. Nawet człowiek najbardziej poszkodowany ma możliwości osiągnięcia tego stanu najwyższej świadomości: aby pracować dla pomocy, dla oświecenia, dla podtrzymania i niesienia pokoju całej ludzkości.

Niektórzy powiedzą: „Lecz nie jest to możliwe, ludzie są tak liczni a ja tak mało znaczę!" Jeśli w ten sposób rozumujecie, pomniejszacie wartość tego, co aktualnie robicie. Oczywiście, nie zrealizujecie Królestwa Boga i jego Sprawiedliwości na całej ziemi z dnia na dzień, lecz w chwili, gdy tego pragniecie, skierowujecie wasze siły i wasze energie w tym kierunku. Ta praca wytwarza efekty przede wszystkim w was samych: powstajecie, uszlachetniacie się i jako że nic nie pozostaje bez konsekwencji, w ten czy inny sposób wpływacie korzystnie na innych.

Odtąd więc zamiast, żeby każdy się koncentrował na innym zagadnieniu, co rozprasza nasze energie, korzystnym jest żebyśmy się wszyscy skoncentrowali na świetle, żeby wytworzyć niezrównaną, potężną wibrację. To światło, możemy wyobrażać sobie jak światło słońca: białe, jasne, przejrzyste, lśniące i robiąc to ćwiczenie w rytmie oddychania, uwolnimy energię duchową, która będzie budzić świadomość milionów jednostek na świecie, aby wszyscy podjęli tę pracę dla pokoju i dobra ludzkości.

Książki tego samego autora w języku polskim

* Niektóre międzynarodowe sklepy internetowe zastępują w tytułach
książek polskie znaki specjalne ą, ć, ę, ł, itp. literami a, c, e, l itp.

Tegoż autora w języku polskim: Spisy treści

201 – Ku cywilizacji słońca (książka i ebook)
Słońce, inicjator cywilizacji – Joga słoneczna – W poszukiwaniu centrum – Słońce żywiciel – Splot słoneczny – Człowiek na obraz słońca – Duchy siedmiu świateł – Słońce jako wzór – Prawdziwa religia słoneczna.

203 – Wychowanie zaczyna się przed urodzeniem
Najpierw uczyć rodziców – Wychowanie zaczyna się przed urodzeniem – Plan dla przyszłości ludzkości – Zajmujcie się waszymi dziećmi! – Nowe rozumienie miłości matczynej – Magiczne słowo – Nigdy nie pozostawiać dziecka w bezczynności – Przygotować dzieci do ich przyszłego, dorosłego życia – Chronić u dziecka poczucie cudowności – Miłość bez słabości – Wychowanie i kształcenie.

204 – Joga odżywiania
Odżywianie: czynność, która obejmuje całego człowieka – Hrani-Yoga – Pożywienie, list miłosny Stwórcy – Wybór pożywienia – Wegetarianizm – Moralność odżywiania – Post – O komunii – Znaczenie błogosławieństwa – Praca ducha nad materią – Prawo wymiany.

205 – Siła seksualna lub uskrzydlony smok
Uskrzydlony smok – Miłość i seksualność – Siła seksualna, warunek życia na Ziemi – O przyjemności – Niebezpieczeństwa tantryzmu – Kochajcie nie czekając, by was kochano – Miłość rozprzestrzeniona we wszechświecie – Miłość duchowa, wyższy sposób pożywiania się – Transformator energii Seksualnej: wysoki ideał – Otworzyć miłości Drogę ku wyżynom.

211 – Wolność, zwycięstwo ducha
Struktura psychiczna człowieka – miejsce i aktywność ducha – Stosunek ducha i ciała – Przeznaczenie i wolność – Śmierć wyzwolicielka – Człowiek jest wolny tylko wolnością Boga – Prawdziwa wolność jest poświęceniem – Ograniczać się, aby się wyzwolić – Anarchia i wolność – O pojęciu hierarchii – Synarchia wewnętrzna.

212 – Światło, żywy duch (książka i ebook)
Światło, istota stworzenia – Promienie światła: ich natura i działanie – Złoto, kondensacja światła słonecznego – Światło, które pozwala widzieć i być widzianym – Praca ze światłem – Pryzmat, obraz człowieka – Czystość otwiera drzwi ku światłu – Żyć intensywnym życiem światła – Promień lasera w życiu duchowym.

213 - Natura ludzka a natura boska (ebook)
Natura ludzka... czy natura zwierzęca? – Natura niższa, odwrócone odbicie natury wyższej – W poszukiwaniu naszej prawdziwej tożsamości – Jak uniknąć ograniczeń natury niższej – Słońce, symbol natury boskiej – Wykorzystać zasoby natury niższej panując nad nią – Być lepszym, to stale tworzyć naturze wyższej więcej warunków, by mogła się przejawić – Głos boskiej natury – Człowiek może w pełni się rozwinąć tylko wtedy, gdy służy swojej naturze wyższej – Jak ułatwiać przejawy natury wyższej w sobie i u innych – Powrót człowieka do boga.

214 – Przyszłość ludzkości, galwanoplastyka ducho-wa, miłość-poczęcie-ciąża

Mężczyzna i kobieta, odzwierciedlenie dwóch zasad: męskiej i żeńskiej – Galwanoplastyka duchowa – Mał-żeństwo – Kochać bez chęci posiadania – Jak polep-szyć okazywanie miłości? – Tylko miłość boża ochra-nia - Miłość ludzką – Akt seksualny z punktu widzenia wiedzy inicjacyjnej – O słonecznej istocie energii sek-sualnej – Poczęcie dzieci – Brzemienność – Dzieci naszego intelektu i serca – Przywrócić kobiecie jej prawdziwe miejsce – Królestwo Boga, dziecko kobiety kosmicznej.

219 – Centra i ciała subtelne (książka i ebook)

Ewolucja człowieka i rozwój organów duchowych – Aura – Splot słoneczny – Centrum Hara – Siła Kunda-lini – Czakry.

222 – Życie psychiczne: elementy i struktury (ebook)

Poznaj samego siebie – Tablica synoptyczna – Kilka dusz i kilka ciał – Serce, intelekt, dusza, duch – Nauka woli – Ciało, dusza, duch – Poznanie zewnętrzne, po-znanie wewnętrzne – Od intelektu do inteligencji – Prawdziwa iluminacja – Ciało przyczynowe – Świa-domość – Podświadomość – Wyższe Ja.

223 – Twórczość artystyczna i twórczość duchowa

Sztuka, nauka i religia – Boskie źródła inspiracji – Pra-ca wyobraźni – Poezja i proza – Głos – Śpiew chóralny – Jak słuchać muzyki? – Magia gestu – Piękno – Kształty i emanacje – Idealizowanie jako sposób two-rzenia – Żywe arcydzieła – Budowa świątyni.

224 – Potęga myśli

Rzeczywistość pracy duchowej – Jak myśleć o przyszłości – Zanieczyszczenie psychiczne – Życie i obieg myśli – Jak myśl realizuje się w materii – Poszukiwać równowagi między środkami materialnymi i środkami duchowymi – Siła ducha – Kilka praw aktywności duchowej – Oręż myśli – Moc koncentracji – Podstawy medytacji – Twórcza modlitwa – Poszukiwanie szczytu.

225 – Harmonia i zdrowie

Najistotniejsze jest życie – Świat harmonii – Harmonia i zdrowie – Duchowe podstawy medycyny – Oddychanie i odżywianie – Oddychanie – Odżywianie na różnych planach – Jak stać się niestrudzonym – Kultywować zadowolenie.

227 – Złote reguły codziennego życia

Najcenniejsze dobro, życie – Szukajcie harmonii między życiem materialnym i duchowym! – Poświęcajcie swe życie jakiemuś wzniosłemu ideałowi! – Codzienność: materia wymagająca ingerencji ducha – Spożywanie posiłku to ćwiczenie jogi – Oddychanie – Jak odzyskiwać siły! – Prawdziwa miłość źródłem siły i wytrwałości – Postęp techniczny pozwala poświęcać więcej czasu na działalność duchową – Porządkujcie Wasze życie wewnętrzne! – Świat zewnętrzny odzwierciedla Wasz świat wewnętrzny – O Waszej przyszłości zadecyduje chwila obecna – Żyjcie teraźniejszością! – Zawsze miejcie na uwadze początek! – Nim zaczniecie działać – proście o światło! – Pamiętajcie o pierwszym odczuciu – Miejcie świadomość własnych nawyków myślowych – Uwaga i czujność – Nadawajcie Waszemu życiu wymiar duchowy – Najważniejsza jest praktyka! – Zalety moralne są cenniejsze niż talent – Bądźcie zadowoleni ze swego losu! – Praca duchowa nigdy nie pozostaje bez wyników – Jak regenerować organizm, ciało astralne i umysł – Szukajcie każdego dnia strawy duchowej! – Spoglądajcie regularnie i krytycznie na własne życie – Dobierajcie środki do realizacji nakreślonego celu! – itd.

228 – Spojrzenia na niewidzialne (książka i ebook)

Widzialne i niewidzialne – Ograniczone postrzeganie intelektu, nieograniczone postrzeganie intuicji – Dostęp do świata niewidzialnego: od Jesoda do Tifereta – Jasnowidzenie: aktywność i pasywność – Czy trzeba radzić się jasnowidzących? – Kochajcie, a wasze oczy się otworzą – Przekazy z Nieba – Światło widzialne i światło niewidzialne: „svetlina" „videlina" – Wyższe stopnie jasnowidzenia – Oko duchowe – Widzenie Boga – Prawdziwe lustro magiczne: Dusza uniwersalna – Marzenie senne i rzeczywistość – Sen, obraz śmierci – Ochraniać się podczas snu – Podróże duszy podczas snu – Ochrona fizyczna i ochrona psychiczna – Źródło inspiracji – Przedkładać uczucie nad widzenie.

229 – Droga ciszy (książka i ebook)

Hałas i cisza – Osiąganie ciszy wewnętrznej – Kłopoty pozostawcie za drzwiami – Ćwiczenie: Jedzenie w ciszy – Cisza, rezerwuar energii – Mieszkańcy ciszy – Harmonia, warunek wewnętrznej ciszy – Cisza, warunek myślenia – Poszukiwanie ciszy, poszukiwanie centrum – Słowo i mowa – Słowo mistrza w ciszy – Głos ciszy, głos boga – Rewelacje gwiaździstego nieba – Pokój ciszy.

230 – Niebiańskie Miasto – komentarze do Apokalipsy
Wizyta na Patmos – Wstęp do Apokalipsy – Melchizedek i nauka dwóch zasad – Listy do gminy w Efezie i Smyrnie – List do gminy w Pergamonie – List do gminy w Laodycei – Dwudziestu-czterech Starców i cztery święte zwierzęta – Księga i Baranek – 144 000 sług Boga – Kobieta i smok – Archanioł Michael poskramia smoka – Smok ciska wodą na kobietę – Zwierzę, które wychodzi z morza i zwierzę, które podnosi się z ziemi – Święto zaślubin Baranka – Smok uwięziony na tysiąc lat – Nowe Niebo i nowa Ziemia – Niebiańskie miasto – 1. Kamień sześcienny – 2. Fundamenty z kamieni szlachetnych – 3. Bramy z pereł – 4. Rzeka życia – 5. Nadejście Nowego Jeruzalem.

231 – Ziarna szczęścia (ebook)
Szczęście – dar do pielęgnowania – Szczęście nie jest przyjemnością – Szczęście jest w pracy – Filozofia wysiłku – Światło przynosi szczęście – Sens życia – Pokój i szczęście – Żyjcie a będziecie szczęśliwi! – Wznieść się ponad okoliczności – Rozwinąć wrażliwość na świat boski – Ziemia Kanaan – Duch jest ponad prawami przeznaczenia – Szukać szczęścia na górze – Poszukiwanie szczęścia, poszukiwanie boga – Nie ma szczęścia dla egoistów – Dawać niczego nie oczekując – Kochajcie nie oczekując, że będziecie kochani – O użyteczności wrogów – Ogród dusz i duchów – Fuzja na płaszczyznach wyższych – Jesteśmy twórcami naszej przyszłości.

233 – Przyszłość dla młodzieży (książka i ebook)
Młodzież: ziemia w stadium tworzenia – Podstawy naszej egzystencji: wiara w Stwórcę – Poczucie świętości – Głos wyższej natury – Poszukiwanie właściwego

kierunku – Studia nie wystarczają, aby życiu nadać sens – Charakter znaczy więcej niż wiadomości – Panowanie nad sukcesami jak i nad niepowodzeniami – Rozpoznać aspiracje duszy i ducha – Boski świat jest nasza ziemią wewnętrzną – Dlaczego rodzimy się w danej rodzinie? – Korzystać z doświadczeń starszych – Porównywać się z większymi, aby się rozwijać – Wola podtrzymywana przez miłość – Nie przyznawać się nigdy do przegranej – Nie upadać na duchu z powodu swoich braków – Prawdziwy artysta przyszłości – Swoboda seksualna? – Ochraniajcie poetyczność waszej miłości – Wejście do rodziny powszechnej.

238 – Wiara, która przenosi góry (ebook)
Wiara, nadzieja i miłość – Ziarnko gorczycy – Wiara i wierzenie – Nauka i religia – Wiara zawsze poprzedza wiedzę – Odnaleźć ukrytą wiedzę – Religia jest formą wiary – Nasze boskie synostwo – Dowód na istnienie boga jest w nas – Utożsamianie się z bogiem – Bóg, życie – Bóg w tworzeniu – Rabota, vreme, vera: praca, czas, wiara.

239 - Miłość większa niż wiara (ebook)
Rozterki człowieka współczesnego – Niszczycielskie zwątpienie: scalenie i rozwidlenie – Zbawcze zwątpienie – „Twoja wiara cię uratowała" – Niech ci się stanie jak oceniasz…! – Tylko nasze czyny świadczą o naszej wierze – Zachować swoją wiarę w dobro – „Jeśli nie staniecie się jak dzieci…" – Miłość większa niż wiara – Jak zbudować nasze zaufanie do ludzi – „Jak ja was umiłowałem, tak miłujcie się i wy nawzajem".

241– Kamień filozoficzny – od Ewangelii do traktatów o alchemii
O interpretacji Świętych Pism – 1. „Litera zabija, a duch ożywia" 2. Słowo Boże – „Nie to co wchodzi do ust czyni człowieka nieczystym...". – „Jesteście solą ziemi." – 1. Odcisnąć piętno ducha na materii. 2. Źródło energii. – IV „A jeśli sól zatraci swój smak...". – Poczuć smak soli: miłość boża – „Jesteście światłem świata" – Sól alchemików – „O tym, jak wszystkie rzeczy są i pochodzą od Jednego" – Praca alchemiczna: 3 nad 4 – Kamień filozoficzny, owoc mistycznej więzi. – Regeneracja materii: krzyż i tygiel – Rosa majowa – Wzrost ziarna boskiego – Złoto wiedzy prawdziwej: alchemik i poszukiwacz złota.

244 – Chodźcie, dopóki macie światłość
By nie musieć już sobie więcej mówić: gdybym był wiedział! – „Niech lewica nie wie, co czyni prawica" – 1. Symbolika prawicy i lewicy – 2. Dwie ręce Boga – Program na dzień i na wieczność – „Nie martwcie się o jutro" – Jedynie teraźniejszość należy do nas – Zanim zajdzie słońce – Przejście na tamten świat – Życie bez granic – Sens rytuałów pogrzebowych – Nasze relacje z duchami rodzinnymi – Czym jest wola Boża? – W służbie bożemu pryncypium – Wznieść się do ołtarza pańskiego – Nie ustawajcie w marszu! – U progu nowego roku.

13 – Nowa ziemia – Metody, ćwiczenia, formuły, modlitwy (twarda oprawa)
Modlitwy – Program dnia – Odżywianie – Zachowanie – Problem zła – Metody oczyszczenia – Relacje międzyludzkie – Relacje z naturą – Słońce – Gwiazdy – Praca myśli – Galwanoplastyka duchowa – Splot sło-

neczny – Centrum Hara – Metody światła – Aura – Ciało chwalebne – Kilka formuł i modlitw – Ćwiczenia gimnastyczne.

514 – Myśli dnia (kalendarze w formie książkowej)

W książce tej znajdują się korespondujące z kolejnymi dniami roku cytaty z pism Omraam Mikhaela Aivanhova, które mają formę skondensowanych tematycznie, pięknych myśli. W nich ujawnia się wszechstronność, klarowność i głębia jego filozofii, której celem jest pomoc ludziom w całej skali problemów życia. Publikacja ta może być cennym towarzyszem codziennego życia, ale również sprawdzić się znakomicie jako prezent czy pomoc w medytacji.

308 – Święta wielkanocne (broszura)

„Wobec zbliżających się świąt Wielkanocnych nic nie powinno nas bardziej zajmować niż myślenie o odnowie, o regeneracji, ponieważ wraz ze zmartwychwstaniem Chrystusa świętujemy odrodzenie całej natury. Jeśli Chrystus zmartwychwstał oznacza to, że cała natura się odradza i także ludzie powinni się odrodzić nie czekając na koniec czasów. Więc pewnego dnia każdy powinien w końcu powiedzieć tak jak Chrystus: „Jestem zmartwychwstaniem i życiem".

318 – Prawdziwa praca matki podczas ciąży (broszura)

Podczas całego okresu ciąży matka powinna czuwać i ochraniać dziecko i świadomie stwarzać wokół niego atmosferę czystości i światła, aby pracować we współpracy z duszą, która ma się wcielić. Samo dziecko nic nie posiada, otrzymuje ono wszystkie materiały od swojej matki. Dlatego powinna ona być tego świadoma i poprzez swoje myśli i uczucia dostarcza mu tylko cząsteczek najbardziej świetlistych i najczystszych.

402 – Spirytualista w społeczeństwie
(próbka lektury)
Znaleźć równowagę między tym co duchowe, – a tym, co materialne – Rozróżnić jasno cel i środki – Praca fizyczna a praca duchowa – Sprostać codziennym obowiązkom – Wybór założenia rodziny – Zrezygnować z narzucania własnych przekonań – Życie małżeńskie: nie uciekać przed problemami – itd.

403 – Bądź panem własnego szczęścia
(próbka lektury)
Bądź panem własnego szczęścia – Próby życiowe: wyzwanie do podjęcia – Korzystajcie z waszego bogactwa duchowego – Nie być uciążliwym dla otoczenia – Pracujcie nad atmosferą psychiczną – Nigdy się nie zniechęcajcie – Zapalmy nasze lampy – Prosty gest – itd.

Dystrybutorzy

Polska
Nieznany Świat, Księgarnia-Galeria
ul. Kredytowa 2, 00-062 Warszawa
tel. 827-93-49
www.nieznany.pl

oraz w następujących sklepach:

www.allegro.pl
www.ceneo.pl
www.amazon.pl
www.virtualo.pl (ebooki)
www.motyleksiazkowe.pl
i wielu innych dystrybutorów

**Dalsze informacje na temat autora
Omraama Mikhaela Aivanova i jego książek:**
www.prosveta.pl

Francja (Wydawca oryginału)
EDITIONS PROSVETA S.A.
Z.A. Le Capitou - B.P. 12
83601 Fréjus CEDEX, www.prosveta.com

Niemcy
PROSVETA VERLAG GmbH
Grabenstr. 14, 78661 Dietingen
www.prosveta.de/pl

Austria
HARMONIEQUELL VERSAND
Ulmenweg 8 – 5302 Henndorf
e-mail: info@prosveta.at
www.prosveta.at

Wielka Brytania
PROSVETA, The Doves Nest
Duddleswell Uckfield,
East Sussex TN22 3JJ
e-mail: info@prosveta.co.uk
www.prosveta.co.uk

USA
WELLSPRINGS OF LIFE
404 N Mount Shasta Blvd # 320
Mount Shasta, CA 96067
Tel. 530-918-3391
e-mail: wellspringsoflife@mail.com
www.prosveta-usa.com

Inne kraje
www.prosveta.fr/en/prosveta-around-the-world